Analyse der Arbeiterbildung in der Apostelgeschichte

Die Lehre von der Arbeit in der Bibel, Volume 26

Biblische Predigten

Published by Seminit Publications, 2024.

While every precaution has been taken in the preparation of this book, the publisher assumes no responsibility for errors or omissions, or for damages resulting from the use of the information contained herein.

ANALYSE DER ARBEITERBILDUNG IN DER APOSTELGESCHICHTE

First edition. April 22, 2024.

Copyright © 2024 Biblische Predigten.

ISBN: 979-8224441747

Written by Biblische Predigten.

Inhaltsverzeichnis

Dedication

Apostelgeschichte 3:8 . *Und er machte einen Sprung und stand auf und ging und ging mit ihnen in den Tempel und ging und sprang und lobte Gott. Und alles Volk sah ihn gehen und Gott loben, und sie wußten, daß er es war, der an der Schönen Pforte des Tempels saß und um Almosen bat, und sie wunderten sich über das, was ihm widerfahren war. Und als der geheilte Lahme Petrus und Johannes in seinen Händen hielt, lief das ganze Volk zu ihnen in die Vorhalle, die Salomos Vorhalle heißt, und staunte.*

Es ist nicht verwunderlich, dass er Petrus und Johannes festhielt; es war für ihn ganz natürlich, ihnen zu folgen, wohin sie auch gingen, denn er verdankte ihnen viel, und sie waren die besten Freunde, die er je gehabt hatte. Er war voller Ehrfurcht vor ihnen, weil sie ihm etwas angetan hatten; und nun hielt er sie zurück, damit sie nicht weggingen; und "alles Volk lief zu ihnen und war sehr erstaunt." Derjenige, der durch den wunderbaren Namen Christi geheilt wurde, war erstaunt, und das ganze Volk, das ihn geheilt sah, war erstaunt. Ich nehme an, dass das Staunen mit jeder wahren Anbetung verwechselt wird. Alles Staunen ist keine Anbetung; aber wo Gott angebetet wird und ein Gefühl für seine große Güte und unsere Unwürdigkeit besteht, da scheint es immer ein großes Staunen zu geben.

"Singt mit Staunen und Verwunderung,

Seine Barmherzigkeit in den Himmeln".

— **Charles Spurgeon**

Einführung in die Fakten

Die Apostelgeschichte zeigt, wie die frühe Kirche hart arbeitete, um zu wachsen und anderen zu dienen, während sie mit Opposition, Personal- und Geldmangel, staatlicher Bürokratie (die kirchliche Bürokratie kam erst später), internen Konflikten und sogar Naturgewalten zu kämpfen hatte. Ihre Arbeit zeigt Ähnlichkeiten mit dem, was Christen heute an nichtkirchlichen Arbeitsplätzen erleben. Eine kleine Gruppe von Menschen setzt sich mit ganzem Herzen für eine Arbeit ein, die den Menschen in allen Lebensbereichen die Liebe Christi bringt, und erlebt dabei die erstaunliche Kraft des Heiligen Geistes, der in ihnen wirkt. Wenn wir dies in unserer täglichen Arbeit nicht erleben, möchte Gott vielleicht unsere Arbeit genauso leiten, ausrüsten und befähigen, wie er es mit ihrer Arbeit getan hat.

Wie in einem Buch, das sich mit den "Taten" der frühen Kirchenführer befasst, zu erwarten, steht die Arbeit im Mittelpunkt. Die Erzählung ist bewegt von Menschen, die gehen, reden, heilen, großzügig spenden, Entscheidungen treffen, leiten, Essen servieren, mit Geld umgehen, kämpfen, Kleidung, Zelte und andere Güter herstellen, taufen (oder waschen), debattieren, streiten, Urteile fällen, lesen und schreiben, singen, sich vor Gericht verteidigen, Holz sammeln, Feuer machen, vor feindseligen Menschenmengen fliehen, sich umarmen und küssen, Versammlungen abhalten, sich entschuldigen, in See stechen, das Schiff verlassen, schwimmen, Menschen retten und dabei immer Gott loben. Die Männer und Frauen in der Apostelgeschichte sind bereit, alles zu tun, was nötig ist, um ihren Auftrag zu erfüllen. Keine Aufgabe ist für die Größten unter ihnen zu gering und keine Aufgabe ist für die Geringsten zu überwältigend.

Die Tiefe der Apostelgeschichte ergibt sich jedoch nicht so sehr aus dem, was die Menschen der frühen Kirche taten, sondern warum und wie sie sich in dieser erstaunlichen Fülle von Aktivitäten engagierten. Das *Warum* ist der Dienst. Gott zu dienen, den Kollegen zu dienen, der Gesellschaft zu dienen, den Fremden zu dienen - der Dienst ist die Motivation für die Arbeit, die die Christen in diesem Buch tun. Das sollte nicht überraschen, denn die Apostelgeschichte ist der zweite Band der Geschichte, die im Lukasevangelium begann, wo der Dienst auch die Motivation für Jesus und seine Nachfolger ist (siehe **"Lukas und die Arbeit"** für wichtige kontextuelle Informationen über Lukas und sein Publikum).

Wenn das *Warum* der Dienst ist, dann ist das *Wie* die konsequente Infragestellung der Strukturen der römischen Gesellschaft, die nicht auf Dienst, sondern auf Ausbeutung beruhte. Lukas kontrastiert ständig die Wege des Reiches Gottes mit den Wegen des Römischen Reiches. Er achtet auf die vielen Interaktionen zwischen Jesus und seinen Anhängern und den Beamten des Imperiums. Er ist sich der Machtsysteme - und der sozioökonomischen Faktoren, die ihnen zugrunde liegen - im Römischen Reich sehr wohl bewusst. Vom Kaiser bis zu den Adligen, den Beamten, den Grundbesitzern, den Freien, den Leibeigenen und den Sklaven existierten alle Gesellschaftsschichten aufgrund der Macht, die sie über die unter ihnen liegenden Schichten ausübten. Gottes Methode, wie sie im Lukasevangelium und in der Apostelgeschichte dargestellt wird, ist das Gegenteil. Gottes Gesellschaft existiert, um zu dienen, und vor allem, um denen zu dienen, die in einer schwächeren, ärmeren oder verletzlicheren Position sind.

Letztendlich ist die Apostelgeschichte also kein Modell für die Art von Aktivitäten, in denen wir uns als Nachfolger Christi engagieren sollten, sondern ein Modell für die Verpflichtung zum Dienst, die die Grundlage für unsere Aktivitäten sein sollte. Unsere Aktivitäten unterscheiden sich von denen der Apostel, aber unsere Verpflichtung zum Dienst ist die gleiche.

Der Beginn von Gottes neuer Welt (Apostelgeschichte 1-4)

Eine Gemeinschaft mit einer Mission (Apostelgeschichte 1,6)

In der Apostelgeschichte wird der Auftrag Jesu, die Welt so wiederherzustellen, wie Gott sie vorgesehen hat, zum Auftrag der Gemeinschaft der Nachfolger Jesu. Die Apostelgeschichte zeichnet das Leben dieser Gemeinschaft nach, wie der Geist sie zu einer Gruppe von Menschen formt, die anders als die Welt um sie herum arbeiten und die Macht und den Reichtum nutzen, die aus der Arbeit entstehen. Die Arbeit beginnt mit der Schaffung der einzigartigen Gemeinschaft, die Kirche genannt wird. Lukas beginnt mit der Gemeinschaft, "denen, die versammelt waren", und fährt mit der Mission fort, "das Reich Israel wiederherzustellen" (**Apg 1,6**). Um ihr Werk zu vollbringen, muss sich die Gemeinschaft zunächst auf ihre Berufung für das Reich Gottes und dann auf ihre Identität als Zeugen des Reiches Gottes im täglichen Leben ausrichten.

Eine leitende Berufung für das Reich Gottes (Apostelgeschichte 1,8)

Die Apostelgeschichte beginnt mit einer Interaktion zwischen Jesus und seinen Jüngern nach der Auferstehung. Jesus belehrt sie über das "Reich Gottes" (**Apg 1,3**), und sie antworten mit einer Frage über die Errichtung eines sozio-politischen Reiches: "Herr, wirst du jetzt das Reich Israel wiederherstellen" (**Apg 1,6**). Die Antwort Jesu hat einen engen Bezug zu unserem Leben als Arbeitnehmer.

"Und er sprach zu ihnen: Es steht euch nicht zu, die Zeiten oder die Fristen zu kennen, die der Vater aus eigener Machtvollkommenheit festgesetzt hat; ihr werdet aber Kraft empfangen, wenn der Heilige Geist auf euch kommt, und ihr werdet meine Zeugen sein in Jerusalem und in ganz Judäa und Samarien und bis an das Ende der Erde" (Apg 1,7-8). (**Apostelgeschichte 1:7-8**)

Zunächst macht Jesus der Neugier der Jünger über den Zeitplan Gottes ein Ende. "Es steht euch nicht zu, die Zeiten oder Jahreszeiten zu kennen, die der Vater durch seine eigene Vollmacht festgesetzt hat" (**Apg 1,7**). Wir sollen in Erwartung der Fülle des Reiches Gottes leben, aber uns nicht über den genauen Zeitpunkt der Wiederkunft Gottes in Christus wundern. Zweitens leugnet Jesus nicht, dass Gott ein sozio-politisches Reich errichten wird, d. h. "das Reich Israels wiederherstellen", wie es in der Frage der Jünger heißt.

Die Jünger Jesu waren in den Schriften Israels gut bewandert. Sie wussten, dass das von den Propheten beschriebene Reich keine jenseitige Realität war, sondern ein reales Reich des Friedens und der Gerechtigkeit in einer durch die Kraft Gottes erneuerten Welt. Jesus leugnet nicht die Realität dieses kommenden Reiches, sondern erweitert die Erwartungen der Jünger dahingehend, dass die gesamte Schöpfung in das erwartete Reich einbezogen wird. Es handelt sich nicht nur um ein neues Reich für das Gebiet Israels, sondern "in Jerusalem und in ganz Judäa und Samarien und bis an das Ende der Erde" (**Apg 1,8**).

Die vollständige Errichtung dieses Reiches hat noch nicht stattgefunden ("zu dieser Zeit"), aber es ist hier in dieser Welt.

Und ich sah die heilige Stadt, das neue Jerusalem, von Gott aus dem Himmel herabkommen... Und ich hörte eine laute Stimme vom Thron her, die sagte: 'Siehe, die Hütte Gottes ist unter den Menschen'". (Offb.)

Das Himmelreich kommt auf die Erde und Gott wohnt hier in der erlösten Welt. Warum ist es noch nicht da? Jesu Lehre deutet darauf hin, dass ein Teil der Antwort darin besteht, dass seine Jünger noch Arbeit zu erledigen haben. Menschliche Arbeit war schon im Garten Eden notwendig, um Gottes Schöpfung zu vollenden (**Gen 2,5**), aber unsere Arbeit wurde durch den Sündenfall beeinträchtigt. In Apostelgeschichte 1 und 2 sendet Gott seinen Geist, um die menschliche Arbeit zu befähigen: "Ihr werdet Kraft empfangen, wenn der Heilige Geist auf euch gekommen ist; und ihr werdet meine Zeugen sein" (**Apg 1,8a**). Jesus gibt seinen Nachfolgern eine Berufung - Zeugen zu sein, in dem Sinne, dass sie die Kraft des Geistes in allen Bereichen des menschlichen Wirkens bezeugen -, die für das Kommen des Reiches Gottes unerlässlich ist. Gottes Gabe des Heiligen Geistes füllt die Lücke zwischen der grundlegenden Rolle, die Gott der menschlichen Arbeit zugewiesen hat, und unserer Fähigkeit, diese Rolle zu spielen. Zum ersten Mal seit dem Sündenfall hat unsere Arbeit die Kraft, zur Errichtung des Reiches Gottes bei der Wiederkunft Christi beizutragen. Die Gelehrten betrachten **Apostelgeschichte 1,8** im Allgemeinen als die methodische Aussage dieses zweiten Bandes des Lukas.

In der Tat kann die gesamte Apostelgeschichte als ein (manchmal zögerlicher) Ausdruck der christlichen Berufung verstanden werden,

Zeugnis für den auferstandenen Jesus abzulegen. Aber Zeugnis abzulegen bedeutet viel mehr als zu evangelisieren. Wir dürfen nicht dem Irrtum verfallen, Jesus spreche nur von der Arbeit des Einzelnen, der einem Ungläubigen das Evangelium in seinen eigenen Worten mitteilt. Stattdessen bedeutet das Zeugnis für das kommende Reich Gottes in erster Linie, jetzt nach den Grundsätzen und Praktiken des Reiches Gottes zu leben. Wir werden sehen, dass die wirksamste Form des christlichen Zeugnisses oft - und sogar in erster Linie - das gemeinsame Leben in der Gemeinschaft ist, während wir unserer Arbeit nachgehen.

Die gemeinsame christliche Berufung zum Zeugnis ist nur durch die Kraft des Heiligen Geistes möglich. Der Geist verwandelt Einzelne und Gemeinschaften in einer Weise, die dazu führt, dass die Früchte der menschlichen Arbeit - insbesondere Macht, Ressourcen und Einfluss - mit der umgebenden Gemeinschaft und Kultur geteilt werden. Die Gemeinschaft legt Zeugnis ab, wenn ihre Mitglieder ihre Ressourcen zum Nutzen der gesamten Kultur einsetzen. Die Gemeinschaft legt Zeugnis ab, wenn die Menschen in ihrer Umgebung sehen, dass die Arbeit im Sinne von Gerechtigkeit, Güte und Schönheit zu einem erfüllteren Leben führt.

Die von Jesus genannten Orte zeigen, dass das Zeugnis der Jünger sie in soziale Gefahr bringt. Die Gruppe der jüdischen Jünger Jesu erhält den Auftrag, für einen Mann zu sprechen, der vor kurzem als Feind des Römischen Reiches und als Lästerer des Gottes Israels gekreuzigt wurde. Sie sind aufgerufen, diese Berufung in der Stadt, in der ihr Lehrer ermordet wurde, unter den Samaritern - den historischen und ethnischen Feinden der Juden - und auf dem ausgedehnten Gebiet des Römischen Reiches zu übernehmen.

Zusammenfassend lässt sich sagen, dass die Apostelgeschichte mit einer leitenden Berufung beginnt, die die Nachfolger Jesu zur vorrangigen Aufgabe des Zeugnisses aufruft. Zeuge zu sein bedeutet vor allem, nach den Wegen des kommenden Reiches Gottes zu leben. Wie wir weiter unten sehen werden, besteht das wichtigste Element dieses Lebens darin, dass wir uns in erster Linie für die anderen einsetzen. Die Kraft des Heiligen Geistes macht diese Berufung möglich, die ohne Rücksicht auf soziale Schranken ausgeübt werden soll. Diese leitende Berufung schmälert nicht den Wert der menschlichen Arbeit oder des Arbeitslebens der Jünger, indem sie die Verkündigung Jesu allein durch Worte in den Vordergrund stellt - ganz im Gegenteil. Die Apostelgeschichte wird nachdrücklich darauf hinweisen, dass jede menschliche Arbeit ein grundlegender Ausdruck des Reiches Gottes sein kann.

Eine Identität, die uns darauf ausrichtet, im Alltag Zeugen des Reiches Gottes zu sein (Apostelgeschichte 2,1-41).

—

Die Pfingstgeschichte ist unbestreitbar von zentraler Bedeutung für das Leben der frühen christlichen Gemeinschaft. Es ist das Ereignis, das die in **Apostelgeschichte 1,8** beschriebene Berufung zum Zeugnis in Gang setzt. Dieser Abschnitt der Apostelgeschichte stellt zwei Arten von Behauptungen über alle Arbeiter auf. Erstens weist der Pfingstbericht seine christlichen Zuhörer als Teil einer neuen Gemeinschaft aus, die die von Gott durch die Propheten verheißene Welt - d. h. das Reich Gottes - neu erschafft. Petrus erklärt das Pfingstphänomen mit einem Verweis auf den Propheten Joel.

"Und es wird geschehen in den letzten Tagen, spricht Gott, dass ich meinen Geist ausgießen werde über alles Fleisch; und eure Söhne und eure Töchter werden weissagen, und eure jungen Männer werden Gesichte sehen, und eure alten Männer werden Träume haben; und über meine Knechte und über meine Mägde werde ich meinen Geist ausgießen in jenen Tagen, und sie werden weissagen. Und ich werde Wunder am Himmel oben und Zeichen auf der Erde unten zeigen: Blut, Feuer und eine Rauchsäule. Die Sonne wird sich in Finsternis verwandeln und der Mond in Blut, bevor der große und herrliche Tag des Herrn kommt. Und es wird geschehen: Jeder, der den Namen des Herrn anruft, wird gerettet werden". (**Apostelgeschichte 2:15-21**)

Petrus bezieht sich auf einen Abschnitt in Joel, der die Wiederherstellung von Gottes verbanntem Volk beschreibt. In diesem Abschnitt bekräftigt er, dass Gott die endgültige Befreiung seines Volkes in Gang gesetzt hat. Im Buch Joel werden mit der Rückkehr des Volkes

Gottes in das Land die Verheißungen des Bundes erfüllt und die Wiederherstellung der Welt beginnt. Joel beschreibt diese Neuschöpfung mit erstaunlichen Bildern. Wenn Gottes Volk in das Land zurückkehrt, erwacht die Wüste als ein neues Eden zum Leben. Die Erde, die Tiere und die Menschen freuen sich über den Sieg Gottes und die Befreiung seines Volkes (siehe Joel 2). Zu den eindrucksvollen Bildern in diesem Abschnitt des Joel-Evangeliums gehört auch, dass die Wiederherstellung des Volkes Gottes unmittelbare wirtschaftliche Auswirkungen haben wird: "Der Herr wird antworten und zu seinem Volk sagen: 'Siehe, ich will euch Korn, Most und Öl senden, und ihr sollt satt werden, und ich will euch nicht mehr zu Schanden machen unter den Heiden'" (**Joel 2,19**). Für Joel ist der Höhepunkt dieser Befreiungstat die Ausgießung des Geistes auf das Volk Gottes. Petrus versteht das Kommen des Geistes so, dass die ersten Nachfolger Jesu auf eine reale, wenn auch zutiefst geheimnisvolle Weise an Gottes neuer Welt teilhaben.

Ein zweites wichtiges und damit zusammenhängendes Thema ist Petrus' Beschreibung der Errettung als Lösegeld für ein "verkehrtes Geschlecht" (**Apg 2,40**). Zwei Dinge müssen geklärt werden. Erstens beschreibt Lukas die Errettung nicht als eine Flucht aus dieser Welt in eine himmlische Existenz. Vielmehr beginnt die Erlösung mitten in dieser Welt. Zweitens geht Lukas davon aus, dass die Erlösung in der Gegenwart stattfindet. Sie beginnt jetzt als eine andere Lebensweise, die den Mustern dieser "perversen Generation" widerspricht. Da die Arbeit und ihre wirtschaftlichen und sozialen Folgen für die menschliche Identität so wichtig sind, ist zu erwarten, dass eines der ersten Muster, die im menschlichen Leben wiederhergestellt werden, die Art und Weise ist, wie Christen mit ihrer Macht und ihrem Besitz umgehen. So entfaltet sich die Erzählung in diesem ersten Abschnitt der Apostelgeschichte wie folgt: (1) Jesus weist darauf hin, dass alle Menschen Christus bezeugen sollen; (2) das Kommen des Heiligen Geistes markiert den Beginn des lange verheißenen "Tages des Herrn" und führt die Menschen in Gottes neue Welt ein; und (3) die Erwartungen an den "Tag des Herrn" schließen tiefgreifende wirtschaftliche Veränderungen ein. Der nächste Satz des lukanischen Berichts deutet auf ein neues Volk hin, das durch den Geist ermächtigt wird und nach einer Reichsökonomie lebt.

Eine leitende Gemeinschaft, die die Wege des Reiches Gottes praktiziert (Apostelgeschichte 2:42-47; 4:32-37)

Nachdem Petrus verkündet hat, dass der Geist eine neue Art von Gemeinschaft schafft, berichtet die Apostelgeschichte über das schnelle Wachstum solcher Gemeinschaften an verschiedenen Orten. Die Zusammenfassungen der Gemeinschaft in **Apg 2,42-47** und **4,32-37** sind die konzentriertesten Beschreibungen. In der Tat sind die Texte selbst bemerkenswert in ihrer Beschreibung des Ausmaßes des Engagements und des gemeinsamen Lebens der frühen Gläubigen. Da die Zusammenfassungen viele Gemeinsamkeiten aufweisen, werden wir sie gemeinsam besprechen.

Apostelgeschichte 2:42-47 Und sie hielten sich beständig an die Lehre der Apostel und an die Gemeinschaft, an das Brechen des Brotes und an die Gebete. Alle wurden von Furcht ergriffen, und die Apostel taten viele Wunder und Zeichen. Alle, die gläubig waren, waren beieinander und hatten alles gemeinsam; sie verkauften all ihren Besitz und ihr Hab und Gut und teilten es mit allen, so viel jeder bedürftig war. Tag für Tag waren sie einmütig im Tempel und brachen das Brot in ihren Häusern, aßen gemeinsam mit Freude und Einfalt des Herzens, lobten Gott und fanden Gefallen bei allen Menschen. Und der Herr fügte täglich zu ihrer Zahl hinzu, die gerettet werden sollten.

Apostelgeschichte 4:32-37. Die Gemeinde derer, die glaubten, war ein Herz und eine Seele; und niemand beanspruchte für sich, was er besaß, sondern alle Dinge waren gemeinsames Eigentum. Mit großer Kraft bezeugten die Apostel die Auferstehung des Herrn Jesus, und über sie alle kam reichlich Gnade. Es gab also keinen Bedürftigen unter ihnen;

denn so viele ein Land oder ein Haus besaßen, verkauften es und brachten den Erlös und legten ihn den Aposteln zu Füßen, und es wurde an jeden verteilt, wie er es brauchte. Joseph aber, ein Levit, aus Zypern, den die Apostel auch Barnabas nannten (was übersetzt heißt: Sohn des Trostes), besaß einen Acker und verkaufte ihn und brachte das Geld und legte es den Aposteln zu Füßen.

Obwohl diese Texte die Arbeit nicht direkt beschreiben, haben sie ein starkes Interesse an der Nutzung von Macht und Besitz, zwei Realitäten, die oft aus menschlicher Arbeit resultieren. Zunächst einmal ist festzustellen, dass die christlichen Gemeinschaften im Gegensatz zur umgebenden Gesellschaft eine ganz andere Praxis im Umgang mit Macht und Besitz pflegen. Es ist klar, dass die frühen Christen verstanden haben, dass man seine Macht und seinen Besitz nicht für die Bequemlichkeit des Einzelnen aufbewahren, sondern weise zum Wohl der christlichen Gemeinschaft ausgeben oder investieren sollte. Es wird kurz und bündig gesagt, dass der Besitz dem Wohl der anderen dient. Mehr als alles andere bedeutet das Leben im Reich Gottes, sich für das Wohl anderer einzusetzen.

Es gibt zwei Aspekte, die hier zu erwähnen sind. Erstens laden uns diese Texte dazu ein, unsere Identität in erster Linie als Mitglieder der christlichen Gemeinschaft zu verstehen. Das Wohl der Gemeinschaft ist das Wohl eines jeden Mitglieds. Zweitens ist dies eine radikale Abkehr von der Klientelwirtschaft, die das Römische Reich prägte. In einem System des Klientelismus schaffen die Gaben der Reichen an die Armen eine Struktur systematischer Verpflichtungen. Jedes Geschenk eines Wohltäters impliziert eine soziale Schuld des Empfängers. Dieses System schuf eine Art von falscher Großzügigkeit, bei der großzügige Gönner im Allgemeinen aus Eigennutz gaben und die mit dieser Arbeit verbundene Ehre suchten. Die römische Ökonomie betrachtete "Großzügigkeit" im Wesentlichen als Mittel zur Erlangung von Macht und sozialem Status. Diese Vorstellungen von einer systematischen gegenseitigen Verpflichtung fehlen in den Beschreibungen in den Kapiteln 2 und 4 der Apostelgeschichte völlig. In der christlichen Gemeinschaft sollte die Motivation für das Geben eine echte Sorge um das Wohlergehen des Empfängers sein, nicht um die Ehre des Wohltäters. Das Geben hat wenig mit dem Geber zu tun; es geht in erster Linie um den Empfänger.

Dies ist ein völlig anderes sozioökonomisches System. Wie das Lukasevangelium zeigt auch die Apostelgeschichte häufig, dass die christliche Bekehrung zu einer neuen Sichtweise auf Besitz und Macht führt. Darüber hinaus wird dieses Beharren darauf, dass der Besitz zum Wohl des Nächsten eingesetzt werden soll, ausdrücklich als Muster im Leben, in der Mission und - vor allem - im selbstaufopfernden Tod Jesu gesehen (für weitere Informationen siehe *Lukas und das Werk*).

Die Ökonomie der radikalen Großzügigkeit (Apostelgeschichte 2,45; 4,34-35)

In einer laufenden Debatte wird die Frage gestellt, ob diese Zusammenfassungen der Gemeinschaft ein bestimmtes Wirtschaftssystem befürworten. In einigen Kommentaren wird die Praxis der Gemeinschaft als "Proto-Kommunismus" bezeichnet, während andere eine obligatorische Veräußerung des Eigentums feststellen. Der Text deutet jedoch nicht auf den Versuch hin, Strukturen außerhalb der christlichen Gemeinschaft zu ändern. In der Tat ist es schwer vorstellbar, dass eine kleine, marginalisierte und sozial machtlose Gruppe Pläne hatte, das kaiserliche Wirtschaftssystem zu ändern, und in der Tat ist es klar, dass die Gemeinschaft diesem System nicht völlig abschwor. So waren die Fischer weiterhin Mitglieder von Fischereikartellen, und die Handwerker machten weiterhin Geschäfte auf dem Markt. Schließlich stellte Paulus weiterhin Zelte her, um seine Missionsreisen zu finanzieren (**Apostelgeschichte 18,3**).

Stattdessen deutet der Text auf etwas viel Anspruchsvolleres hin. In den Anfängen der Kirche gaben wohlhabende und mächtige Menschen ihren Besitz zugunsten der weniger Wohlhabenden auf (**Apg 4,34**), je nach dem, was jeder von ihnen brauchte (**Apg 2,45; 4,35**). Dies zeigt, dass der normale Zustand des Besitzes der Menschen eine radikale Verfügbarkeit war. Das heißt, die Ressourcen - materielle, politische, soziale oder praktische - eines jeden Mitglieds wurden der christlichen Gemeinschaft ständig zur Verfügung gestellt, auch wenn die einzelnen Mitglieder weiterhin ihre besonderen Ressourcen verwalteten. Anstatt systematisch die Verteilung des Reichtums in einer Weise vorzuschreiben, die völlige Gleichheit gewährleistet, akzeptierte die frühe Kirche die Realität des wirtschaftlichen Ungleichgewichts, praktizierte aber eine radikale Großzügigkeit, durch die die Güter wirklich zum Nutzen der Gemeinschaft und nicht des Einzelnen vorhanden waren. In vielerlei Hinsicht stellt diese Art von Großzügigkeit eine größere Herausforderung dar als ein starres System von Regeln. Sie erfordert ein offenes Ohr, eine gegenseitige Beteiligung am Leben der Gemeinschaftsmitglieder und die ständige Bereitschaft, sich nicht an den Besitz zu klammern, sondern die Beziehungen in der Gemeinschaft mehr zu schätzen als die (falsche) Sicherheit des Besitzes.

Es ist sehr wahrscheinlich, dass dieses System innerhalb eines Systems von den wirtschaftlichen Idealen des israelischen Gesetzes inspiriert wurde, das seinen Höhepunkt in der Praxis des Jubiläums hat - der Neuverteilung von Land und Reichtum in Israel alle fünfzig Jahre (**Lev 25,1-55**). Gott wollte mit dem Jubeljahr sicherstellen, dass alle Menschen Zugang zu den Mitteln haben, um ihren Lebensunterhalt zu verdienen - ein Ideal, das das Volk Gottes offenbar nie in großem Umfang verwirklicht hat. Dennoch beginnt Jesus seinen Dienst mit einer Reihe von Texten aus Jesaja 61 und 58, die viele Themen des Jubiläums aufgreifen:

"Der Geist des Herrn ruht auf mir, weil er mich gesalbt hat, den Armen das Evangelium zu verkünden. Er hat mich gesandt, damit ich den Gefangenen die Freiheit verkünde und den Blinden das Augenlicht, damit ich die Bedrängten in Freiheit setze, damit ich das Gnadenjahr des Herrn verkünde" (**Lk 4,18-19**).

Die Ethik des Jubiläums wird auch in **Apostelgeschichte 4,34** erwähnt, wo Lukas berichtet, dass "es also keinen Bedürftigen unter ihnen gab". Dies scheint eine direkte Widerspiegelung von **Deuteronomium 15,4 zu** sein, wo die Praxis des Sabbatjahres (ein Mini-Jubiläum alle sieben Jahre) sicherstellen soll, dass "kein Bedürftiger unter euch sein soll".

Es ist richtig, dass die christliche Gemeinschaft dieses Modell als Vorbild für ihr Wirtschaftsleben sieht. Doch obwohl im alten Volk Israel das Sabbatjahr und das Jubeljahr nur alle sieben bzw. fünfzig Jahre praktiziert werden sollten, war es die radikale Verfügbarkeit, die die Ressourcen der frühen christlichen Gemeinde kennzeichnete. Wir können uns das ähnlich vorstellen wie in der Bergpredigt. "Ihr habt gehört, dass zu den Vorfahren gesagt wurde: 'Gebt denen, die kein Land haben, alle fünfzig Jahre euer Land zurück'; ich aber sage euch: 'Wann immer ihr die Not seht, stellt eure Kraft und eure Mittel anderen zur Verfügung.'" Radikale Großzügigkeit, die sich an den Bedürfnissen der anderen orientiert, wird zur Grundlage der wirtschaftlichen Praxis in der christlichen Gemeinschaft. Wir werden dies anhand der Ereignisse in der Apostelgeschichte weiter untersuchen.

Die Praktiken der frühen Kirchen fordern die Christen von heute heraus, über Modelle radikaler Großzügigkeit nachzudenken und sich diese vorzustellen. Wie könnte radikale Verfügbarkeit ein Zeugnis für das Reich Gottes sein und eine plausible Alternative für die Strukturierung des menschlichen Lebens in einer Kultur darstellen, die durch das ständige Streben nach persönlichem Reichtum und Sicherheit gekennzeichnet ist?

Der Heilige Geist befähigt zu radikaler Großzügigkeit mit allen möglichen Mitteln (Apostelgeschichte 2,42-47; 4,32-37).

Abschließend sind zwei Überlegungen zum Umgang mit Ressourcen in der frühen christlichen Gemeinschaft wichtig. Der erste ist die Notwendigkeit des Heiligen Geistes, um radikale Großzügigkeit zu praktizieren. Die Beschreibungen der Gemeinschaft in **Apostelgeschichte 2,42-47** und **4,32-37** folgen unmittelbar auf die ersten beiden großen Manifestationen des Heiligen Geistes. Lukas hätte den Zusammenhang zwischen der Gegenwart und der Kraft des Heiligen Geistes und der Fähigkeit der Gemeinde, mit christusähnlicher Großzügigkeit zu leben, nicht deutlicher herausstellen können. Wir müssen verstehen, dass eines der grundlegenden Wirkungen des Geistes im Leben der frühen Christen die Entwicklung einer Gemeinschaft war, die einen radikal anderen Ansatz für die Nutzung von Ressourcen verfolgte. Während wir also oft nach den spektakuläreren Manifestationen des Geistes Ausschau halten (Visionen, Zungenrede und dergleichen), müssen wir die Tatsache berücksichtigen, dass der einfache Akt des Teilens oder der beständigen Gastfreundschaft zu den größten Gaben des Heiligen Geistes gehören kann.

Der zweite Gedanke, damit wir nicht denken, dass dieses Wort nur für diejenigen gilt, die über finanzielle Mittel verfügen, findet sich, wenn wir sehen, wie Petrus und Johannes zeigen, dass alle Mittel zum Wohle anderer eingesetzt werden sollen. In **Apostelgeschichte 3,1-10** finden Petrus und Johannes einen Mann, der am Tempeltor um Almosen bittet. Der Mann bat um Geld, aber Petrus und Johannes hatten nichts, was sie ihm geben konnten. Sie sind jedoch Zeugen des Kommens des Reiches

Gottes durch das Leben, den Tod und die Auferstehung von Jesus. Deshalb antwortet Petrus: "Ich habe weder Silber noch Gold, aber was ich habe, das gebe ich dir: Im Namen Jesu Christi, des Nazareners, geh! Hier haben wir ein Beispiel dafür, was es bedeutet, Ressourcen zu teilen, die nichts mit Geld zu tun haben. Bei mehreren Gelegenheiten in der Apostelgeschichte finden wir den Einsatz von Macht und Stellung zum Aufbau der Gemeinschaft.

Vielleicht kommt das am deutlichsten zum Ausdruck, wenn Barnabas - der in **Apostelgeschichte 4,32-37** ein Beispiel für radikale Großzügigkeit in Bezug auf finanzielle Mittel ist - auch seine sozialen Ressourcen in den Dienst des Paulus stellt, indem er hilft, die widerstrebende Gemeinschaft der Apostel in Jerusalem aufzunehmen (siehe **Apostelgeschichte 9,26-27**). Ein weiteres Beispiel ist Lydia, die ihre hohe soziale Stellung in der Textilindustrie in Thyatira nutzte, um Paulus den Zugang zur Stadt zu ermöglichen (**Apostelgeschichte 16,11-15**). Soziales Kapital sollte wie jedes andere Kapital zum Wohl des Reiches Gottes eingesetzt werden, und zwar auf jede Weise, die die christliche Gemeinschaft für angemessen hält.

Eine gerechte Gemeinschaft ist ein Zeugnis für die Welt (Apostelgeschichte 2,47; 6,7).

Wenn die Ressourcen im Leben der christlichen Gemeinschaft richtig eingesetzt werden - wie es nach der Auswahl der Tischdiener in Apostelgeschichte 6 geschieht -, wird die Gemeinschaft zu einem Magneten. Das gerechte Leben der Gemeinschaft - das vor allem durch den rücksichtsvollen Umgang mit Macht und Besitz gekennzeichnet ist - zieht die Menschen zu sich und zu ihrem Haupt, Jesus, hin. Wenn die Gemeinschaft ihren Besitz und ihre Privilegien einsetzt, um den Bedürftigen Leben zu bringen, wenn die Ressourcen des Einzelnen ganz dem Wohl der anderen in der Gemeinschaft gewidmet sind, dann strömen die Menschen herbei, um Teil dieser Gemeinschaft zu sein. Wir haben bereits gesehen, dass "der Herr täglich die Zahl derer erhöhte, die gerettet wurden" (**Apg 2,47**). Dies zeigt sich auch in der Wirkung des vom Geist bevollmächtigten Dienstes in Apostelgeschichte 6. Die gemeinschaftsbildende und gerechtigkeitsfördernde Arbeit der sieben Diakone führt zum Leben vieler: "Das Wort Gottes nahm zu, und die Zahl der Jünger vermehrte sich sehr in Jerusalem, und viele von den Priestern waren dem Glauben gehorsam" (**Apostelgeschichte 6,7**).

Ein Kampf der Reiche: Gemeinschaft und Macht (Apg. 5-7)

Die Ereignisse der Apostelgeschichte spielen sich in der irdischen Realität einer echten Gemeinschaft ab und verschleiern nicht die Bedrohung, die die Auswirkungen der Sünde auf die Gemeinschaften darstellen. Die beiden Hauptbedrohungen für die christliche Gemeinschaft, die Lukas darstellt, sind Ressourcenprobleme. Wie wir sehen werden, verfallen Ananias und Sapphira und der hebräisch/aramäisch sprechende Teil der Gemeinschaft in Sünde, was den Umgang mit Ressourcen und Macht angeht. Für Lukas bedroht dieser Fehler das eigentliche Leben der Gemeinschaft.

Ananias und Sapphira: Ein Fall von böser Identität (Apostelgeschichte 5:1-11)

Der Tod von Ananias und Sapphira (**Apostelgeschichte 5,1-11**) ist schockierend und beunruhigend. Die beiden, ein Ehepaar, verkaufen einen Teil ihres Besitzes und geben den Erlös öffentlich an die Gemeinde. Insgeheim behalten sie jedoch einen Teil des Geldes für sich. Petrus durchschaut den Betrug und tröstet jeden von ihnen einzeln, doch als er die Anschuldigung hört, sind sie auf der Stelle tot. Aus unserer Sicht scheint ihr Schicksal in keinem Verhältnis zu ihrem Vergehen zu stehen. Petrus erkennt an, dass sie nicht verpflichtet waren, das Geld zu spenden: "Solange es unverkauft war, gehörte es euch, und nachdem es verkauft war, stand es nicht in eurer Macht" (**Apg 5,4**). Das Privateigentum ist nicht abgeschafft, und auch diejenigen, die Teil der Gemeinschaft der Nächstenliebe sind, können legitimerweise entscheiden, ob sie die ihnen von Gott anvertrauten Mittel behalten wollen. Warum hat also die Lüge über das Geld den sofortigen Tod verursacht?

Es wurden viele Versuche unternommen, den Grund für ihren Tod zu beschreiben und sogar die Sünde zu benennen, die sie begangen haben. Grundsätzlich scheint es so zu sein, dass Ananias und Sapphira die Sünde begangen haben, falsche Mitglieder der Gemeinschaft zu sein. Der Gelehrte Scott Bartchy drückt es so aus: "Indem sie logen, um Ehre zu erlangen, die sie nicht verdient hatten, brachten Ananias und Saphira sich selbst in Ungnade und schämten sich als Gönner und bewiesen darüber hinaus, dass sie nicht zur Gemeinschaft gehörten, dass sie nicht zur Familie gehörten." Die beiden sind Betrüger und Hochstapler.

Ihre Täuschung zeigt, dass sie immer noch als Mitglieder des römischen Systems des Klientelismus handeln, während sie vorgeben, Mitglieder des christlichen Systems der Nächstenliebe geworden zu sein. Sie versuchen, Barnabas zu ähneln, indem sie sein Beispiel nachahmen, bei dem es darum geht, sich bei der Verwaltung der Mittel auf andere zu konzentrieren (**Apg 4,36-37**). Doch in Wirklichkeit geht es ihnen nur darum, sich selbst mit geringem Aufwand Ehre zu verschaffen. Dabei agieren sie als Teil der römischen Wirtschaft der Arbeitgeber. Sie scheinen großzügig zu sein, aber sie geben, um Ansehen zu gewinnen, nicht aus Liebe. Darüber hinaus deutet Petrus die Lüge über den Umgang mit den Ressourcen als eine Lüge gegenüber dem Heiligen Geist und Gott (**Apg 5,3-4**). Wie beeindruckend, dass die Lüge gegenüber der Gemeinschaft mit der Lüge gegenüber dem Geist Gottes gleichgesetzt wird! Und eine Lüge über die Ressourcen ist genauso schwerwiegend wie eine Lüge über "religiöse" Angelegenheiten. Wir haben bereits gesehen, dass eine der Hauptaufgaben des Heiligen Geistes darin besteht, das Volk Gottes zu einer Gemeinschaft zu formen, die ihre Ressourcen in tiefer Sorge um die anderen einsetzt. Es überrascht daher nicht, dass die falsche Großzügigkeit von Ananias und Sapphira als eine Fälschung des Wirkens des Heiligen Geistes dargestellt wird. Ihre falsche Großzügigkeit und ihr Versuch, den Heiligen Geist zu täuschen, stellen eine Bedrohung für die Identität der christlichen Gemeinschaft dar. Dies ist eine ernste Erinnerung an die schwerwiegenden Risiken, die mit der christlichen Gemeinschaft und unserer Teilnahme an ihr verbunden sind.

Der Betrug von Ananias und Sapphira fand im Bereich des Geldes statt. Was wäre, wenn er im Bereich der Arbeit stattgefunden hätte? Was wäre, wenn sie so getan hätten, als ob sie ihren Herren dienen würden, als ob sie Gott dienen würden (**Kol 3,22-24**), oder wenn sie ihre Untergebenen fair behandelt hätten (**Kol 3,25**), oder wenn sie einen Konflikt ehrlich ausgetragen hätten (**Mt 18,15-17**)? Hätte die Täuschung der christlichen Gemeinschaft in solchen Angelegenheiten eine ähnlich inakzeptable Bedrohung für die Gemeinschaft dargestellt?

Lukas berichtet in der Apostelgeschichte zwar nicht von solchen Fällen, aber das Prinzip ist dasselbe. Die echte Zugehörigkeit zur christlichen Gemeinschaft führt zu einer grundlegenden Veränderung in unserer Orientierung. Bei allem, was wir tun - auch bei der Arbeit - versuchen wir nun, unseren Nächsten zu lieben wie uns selbst, und nicht, unseren sozialen Status, unseren Reichtum und unsere Macht zu mehren.

Der Geist und der Arbeiter
(Apostelgeschichte 6,1-7)

Die Themen der Geschichte von Ananias und Sapphira finden sich in **Apostelgeschichte 6,1-7**, wo sie den ersten internen Streit in der christlichen Gemeinschaft markieren. Die Hellenisten sind wahrscheinlich griechischsprachige Juden, die aus einer der vielen Diasporagemeinden im Römischen Reich nach Jerusalem zurückgekehrt sind. Hebräer sind wahrscheinlich Juden, die aus dem historischen Land Israel (Palästina) stammen und hauptsächlich Aramäisch und/oder Hebräisch sprechen. Es braucht wenig Phantasie, um zu erkennen, was in dieser Situation geschieht. In einer Gemeinschaft, die sich selbst als Erfüllung des Bundes Israels mit Gott sieht, erhalten Mitglieder, die eher prototypisch israelitisch sind, mehr Ressourcen von der Gruppe als andere. Diese Art von Situation kommt in unserer Welt regelmäßig vor. Es ist üblich, dass diejenigen, die den Führern einer Bewegung in Bezug auf Kontext, Kultur, Status usw. am ähnlichsten sind, von ihrer Identität in einer Weise profitieren, die für diejenigen, die in irgendeiner Weise anders sind, nicht möglich ist.

Die Lehre des Wortes und der Dienst am Tisch sind gleichermaßen wertvoll (Apostelgeschichte 6,2-4).

Einer der wichtigsten Beiträge der Apostelgeschichte zur Theologie der Arbeit ist die Reaktion der Apostel auf die Ungerechtigkeit innerhalb der Gemeinschaft in **Apostelgeschichte 6,1-7**. Die Arbeit der Rechtsprechung - in diesem Fall die Überwachung der Verteilung von Lebensmitteln - ist ebenso wichtig wie die Arbeit der Verkündigung des Wortes. Dies mag auf den ersten Blick nicht klar sein, z. B. aufgrund von Übersetzungen, die missverstanden werden können, wie z. B. die KJV:

Da riefen die Zwölf alle Jünger zusammen und sagten zu ihnen: Es ist nicht recht, dass wir die Verkündigung des Wortes Gottes vernachlässigen, weil wir auf Tische warten (**Apostelgeschichte 6:2, NKJV**).

Es ist schwierig, in diesen Übersetzungen nicht eine gewisse Verachtung in die Stimme der Apostel zu interpretieren. In den Augen einiger ist die Arbeit mit dem Wort Gottes ein "Dienst" (wie die NIV es ausdrückt), während die Arbeit des "Kellnerns" unbedeutend ist. Eine Auslegungsrichtung hat sich diesen Sinn zu eigen gemacht und besagt, dass das Kellnern "trivial", eine "niedrige Aufgabe" oder eine der "unwichtigsten" Aufgaben in der Gemeinde war. Diese Interpretationslinie sieht die anschließende Predigt des Stephanus als den "wahren" Zweck hinter dem Einfluss des Geistes in Vers 6,3. Es gäbe keine Notwendigkeit für den Heiligen Geist, sich an der unbedeutenden Aufgabe der Verwaltung der Ressourcenverteilung zu beteiligen.

Diese Argumentation stützt sich jedoch auf fragwürdige Übersetzungen. Das griechische Verb, das in der KJV mit "betreuen" übersetzt wird, ist *diakoneō*, was so viel wie "dienen" oder "Dienst" bedeutet. Die NKJV und die NIV übersetzen es genauer mit "dienen".

"Es steht uns nicht zu, das Wort Gottes zu vernachlässigen, um Tischen zu dienen". (**Apostelgeschichte 6:2**, NKJV)

"Es ist nicht recht, dass wir Apostel den Dienst am Wort Gottes vernachlässigen, um Tische zu bedienen" (Apostelgeschichte 6:2, NIV). (**Apostelgeschichte 6,2**, NIV)

Etwas weiter, in **Apostelgeschichte 6,3-4**, übersetzen die NBLH- und die NKJV-Übersetzung dasselbe Wort mit "dienen" bzw. "Dienst".

Und wir wollen uns dem Gebet und dem Dienst des Wortes widmen". (**Apostelgeschichte 6,4**, NBLH)

Und wir werden uns dem Gebet und dem Dienst des Wortes widmen (**Apostelgeschichte 6:4**, NIV).

Anders ausgedrückt, der griechische Begriff für das Werk des Wortes ist genau derselbe (in Verbform) wie der Begriff für das Werk der Verteilung von Mitteln, *diakonia*, "dienen". Die NBLH und die NKJV bezeichnen die Arbeit der Verkündigung richtigerweise als "dienen" und "dienen" und haben keinen verächtlichen Ton, wenn sie sich auf die Arbeit der Verteilung von Lebensmitteln beziehen, anders als die NKJV, die das Wort "Tische hüten" verwendet. Ob sie nun mit dem Wort oder mit dem Essen auf den Tischen arbeiten, beide Gruppen "dienen" in diesen Übersetzungen.

Der griechische Text vermittelt den wichtigen Eindruck, dass das Werk des Dienstes an den Bedürftigen dem apostolischen Werk des Gebets und der Verkündigung gleichgestellt ist. Die Apostel dienen dem Wort und die Diakone (wie sie genannt wurden) dienen den Bedürftigen. Ihr Dienst ist qualitativ gleichwertig, auch wenn die spezifischen Aufgaben und Fähigkeiten unterschiedlich sind. Beide sind wesentlich für die

Ausbildung des Volkes Gottes und für das Zeugnis des Volkes Gottes in der Welt. Das Leben der Gemeinschaft hängt von diesen Formen des Dienstes ab, und Lukas lässt nicht den Eindruck entstehen, dass der eine mächtiger oder geistlicher ist als der andere.

Könnte man trotz alledem argumentieren, dass die Verachtung nicht nur eine Frage der Übersetzung ist, sondern tatsächlich in den eigenen Worten der Jünger vorhanden ist? Könnten sich die Apostel selbst eingebildet haben, dass sie für den Dienst am Wort auserwählt wurden, weil sie begabter waren als diejenigen, die zum Kellnern ausgewählt wurden? Wenn ja, würden sie in etwas zurückfallen, das dem römischen Patronagesystem ähnelt, weil sie glauben, dass sie einen zu hohen Status haben, um ihn durch Kellnern zu besudeln. Sie würden eine neue Quelle des Status (die Gaben des Heiligen Geistes) durch die alte römische Quelle (Klientelismus) ersetzen. Das Evangelium Christi ist tiefer als das! In der christlichen Gemeinschaft gibt es keine Quelle des Status.

Ironischerweise stellt sich heraus, dass Stephanus, einer der Tischdiener, als Prediger sogar fähiger ist als viele der Apostel (**Apostelgeschichte 6,8-7,60**). Doch trotz seiner Gabe zu predigen, wird er für den Dienst des Verteilens der Mittel ausgewählt. Zumindest zu dieser Zeit war es für Gottes Zwecke wichtiger, dass er als Tischdiener arbeitete als im Dienst des Wortes. Zumindest für ihn hatte das Streben nach Status keinen Vorrang vor der Annahme dieser Berufung zum Tischdienst.

Das Werk der Gemeindeleitung ist ein Werk des Heiligen Geistes (Apg 6,3).

Die Arbeiter, die am besten geeignet sind, die ethnische Spaltung in der Gemeinde in Apostelgeschichte 6 zu überwinden, sind am besten geeignet, weil sie als "voll des Heiligen Geistes und der Weisheit" anerkannt sind. Genauso wie diejenigen, die zum Beten und Predigen geeignet sind, ist die Fähigkeit derjenigen, die Tische bedienen, das Ergebnis geistlicher Kraft. Nichts weniger als die Kraft des Geistes ermöglicht eine sinnvolle, gemeinschaftsbildende und friedensstiftende Arbeit unter Christen. Diese Passage hilft uns zu erkennen, dass jede Arbeit, die eine Gemeinschaft aufbaut oder im weiteren Sinne Gerechtigkeit, Güte und Schönheit fördert, in einem tiefen Sinn ein Dienst (oder ein Amt) an der Welt ist.

Erkennen wir in unseren Kirchen die Gleichwertigkeit des Dienstes des Pastors, der das Wort predigt, der Mutter und des Vaters, die ihren Kindern ein liebevolles Zuhause bieten, und des Buchhalters, der die Ausgaben seines Arbeitgebers fair und ehrlich abrechnet? Verstehen wir, dass alle auf den Geist angewiesen sind, um ihre Arbeit zum Wohl der Gemeinschaft zu tun? Alle Arten von guter Arbeit haben die Fähigkeit - durch die Kraft des Geistes - ein Mittel zur Teilnahme an Gottes Erneuerung der Welt zu sein.

Arbeit und Identität (Apostelgeschichte 8-12)

Im nächsten Abschnitt der Apostelgeschichte überwindet die christliche Gemeinschaft durch die Kraft des Geistes kulturelle Schranken, indem sie Fremden (den Samaritern), sozial Ausgestoßenen (dem äthiopischen Eunuchen), Feinden (Saulus) und allen Ethnien (den Heiden) das Evangelium von Jesus Christus predigt. In diesem Abschnitt werden die Personen durch die Erwähnung ihrer Berufe (in allgemeiner Form) vorgestellt. In diesem Abschnitt finden wir:

- Simon der Magier (**Apostelgeschichte 8:9-24**)
- Ein äthiopischer Eunuch, der ein wichtiger Wirtschaftsbeamter der Königin von Äthiopien ist (**Apostelgeschichte 8,27**).
- Saulus, der Pharisäer und Verfolger der Christen (**Apg. 9,1**)
- Tabitha, die Gewandmacherin (**Apostelgeschichte 9:36-43**)
- Kornelius, ein römischer Zenturio (**Apostelgeschichte 10:1**)
- Simon, ein Gerber (**Apostelgeschichte 10:6**)
- Herodes, ein König (Apostelgeschichte 12)

Lukas ist in diesem Abschnitt nicht sonderlich an beruflichen Fragen interessiert, daher müssen wir aufpassen, dass wir nicht zu viel in die Erwähnung von Berufen hineininterpretieren. Der Gedanke, den Lukas vermitteln will, ist, dass die Art und Weise, wie diese Menschen ihre Berufung ausüben, sie charakterisiert, denn sie bewegen sich entweder auf das Reich Gottes zu oder davon weg.

Diejenigen, die sich auf das Reich Gottes zubewegen, verwenden die Früchte ihrer Arbeit, um anderen als Zeugen für dieses Reich zu dienen. Diejenigen, die sich vom Reich Gottes abwenden, verwenden die

Früchte ihrer Arbeit nur zum persönlichen Vorteil. Das wird aus einer kurzen Zusammenfassung einiger dieser Personen deutlich. Mehrere von ihnen streben nur nach persönlichem Gewinn und nach der Macht und den Ressourcen, die mit ihrer Arbeit einhergehen:

- Simon bietet den Aposteln Geld an, um die Macht zu haben, den Heiligen Geist zu spenden (**Apg 8,18-19**) - ein klares Bemühen, seinen sozialen Status bei dem zu erhalten, der die große Macht Gottes genannt wird" (**Apg 8,10**).
- Saulus nutzt sein Beziehungsnetz, um die Anhänger Jesu zu verfolgen (**Apostelgeschichte 9,1-2**), um seinen sozialen Status als eifriger Jude (**Apostelgeschichte 22,3**) und Pharisäer (**Apostelgeschichte 26,5**) zu schützen.
- Herodes nutzt seine Macht als Klientelkönig Roms, um seine Popularität durch die Ermordung des Apostels Jakobus zu stärken (**Apostelgeschichte 12:1-2**). Später erlaubt Herodes anderen, ihn als Gott zu bejubeln, den höchsten Patronatsstatus, den die römischen Kaiser für sich beanspruchen (**Apg 12,20-23**).

Die Folgen dieser Handlungen sind schrecklich. Petrus weist Simon scharf zurecht (**Apostelgeschichte 8,20-23**). Saulus wird vom auferstandenen Jesus selbst konfrontiert, der sich mit der Gemeinschaft identifiziert, die Paulus verfolgt (**Apostelgeschichte 9,3-9**). Herodes wird von einem Engel des Herrn geschlagen, und Würmer fressen seinen Körper (**Apg 12,23**). Im Gegensatz dazu finden wir mehrere Menschen, die ihre Position, ihre Macht oder ihre Ressourcen nutzen, um zu segnen und Leben zu bringen:

- Tabitha, die Näherin, fertigt Kleidungsstücke an, die sie mit den Witwen in ihrer Gemeinde teilt (**Apostelgeschichte 9,39**).

- Simon, der mit Leder arbeitet, öffnet Petrus sein Haus (**Apostelgeschichte 10,5**).
- Kornelius, ein römischer Hauptmann, der für seine Großzügigkeit bekannt ist (**Apostelgeschichte 10,4**), nutzt seine Beziehungen, um eine große Anzahl von Freunden und Familienangehörigen einzuladen, um Petrus predigen zu hören (**Apostelgeschichte 10,24**).

Obwohl Barnabas, von dem wir in **Apostelgeschichte 4,37** wissen, dass er ein Levit ist, schon früher in diesem Abschnitt vorgestellt wurde, nutzt er seine Stellung innerhalb der Gemeinschaft, um Saulus zu helfen, in die apostolische Gemeinschaft einzutreten, obwohl die Apostel sich dagegen wehrten (**Apostelgeschichte 9,26-27**), und um die Bekehrung der Heiden in Antiochia zu bestätigen (**Apostelgeschichte 11,22-24**). Wir sollten beachten, dass **Apostelgeschichte 11,24** das Geheimnis von Barnabas' Fähigkeit verrät, seine Ressourcen und seine Stellung so einzusetzen, dass die Gemeinschaft der Christen aufgebaut wird. Dort erfahren wir ausdrücklich, dass Barnabas "voll des Heiligen Geistes" war.

Die Botschaft in all diesen Beispielen ist einheitlich. Macht, Ansehen, Position und die Ressourcen, die sich aus der Arbeit ergeben, sollen zum Wohle anderer eingesetzt werden und nicht nur zum persönlichen Vorteil. Das Beispiel, das wir haben, ist kein anderes als Jesus, der im Lukasevangelium seine Autorität zum Wohle der Welt und nicht nur zu seinem eigenen Vorteil einsetzt.

Apostelgeschichte 11,27-30 gibt ein Beispiel dafür, wie in der Gemeinschaft Ressourcen zum Wohl der Bedürftigen eingesetzt werden. Als Reaktion auf eine vom Heiligen Geist inspirierte Prophezeiung über eine weltweite Hungersnot "beschlossen die Jünger, nach dem, was jeder hatte, einen Beitrag zur Unterstützung der Brüder zu senden, die in Judäa lebten" (**Apg 11,29**). Hier sehen wir, wie die Früchte menschlicher Arbeit zum Nutzen anderer eingesetzt werden, und wir sehen auch, dass diese Art von Großzügigkeit nicht einfach spontan und sporadisch war, sondern geplant, organisiert und zutiefst beabsichtigt (die Sammlung für die Gemeinde in Jerusalem wird im Abschnitt über 1.)

In Apostelgeschichte 11,1-26 wird zunächst berichtet, wie die christliche Gemeinde einen heftigen Streit darüber beigelegt hat, ob Heiden zum Judentum konvertieren sollten, bevor sie zu Nachfolgern von Jesus werden. Dieser Streit wird in einem Abschnitt in **Kapitel 15** unten behandelt.

Ein Kampf der Reiche: die Gemeinschaft und die Machtgruppen (Apg. 13-19)

Wir werden diesen Abschnitt anhand von vier Hauptthemen untersuchen, die für die Theologie der Arbeit, die sich aus der Apostelgeschichte ergibt, relevant sind. Erstens werden wir einen weiteren Abschnitt über die Berufung als Zeugen untersuchen. Zweitens werden wir erörtern, wie die christliche Gemeinschaft die Macht der Leitung und Entscheidungsfindung ausübt. Drittens werden wir uns ansehen, wie die vom Geist geleitete Gemeinschaft im Hinblick auf die in der breiteren Kultur bestehenden Kräfte handelt. Viertens werden wir untersuchen, ob die Nachfolge Christi bestimmte Formen der Berufung und der bürgerlichen Teilhabe ausschließt. Schließlich werden wir uns mit der Praxis des Paulus beschäftigen, auf seinen Missionsreisen weiterhin als Zeltmacher zu arbeiten.

Berufung im Kontext der Gemeinschaft (Apostelgeschichte 13,1-3)

In **Apostelgeschichte 13,1-3 wird** uns eine Reihe von Praktiken in der Gemeinde in Antiochia vorgestellt. Diese Gemeinschaft ist sowohl wegen ihrer ethnischen Vielfalt als auch wegen ihres Engagements für das praktische Zeugnis für das Reich Gottes außergewöhnlich. Wir haben bereits gesehen, wie Lukas aufzeigt, dass Arbeit - insbesondere der Einsatz von Macht und Ressourcen - als eine Form des Zeugnisses funktioniert. In **Apostelgeschichte 6,1-7** haben wir gesehen, dass dies gleichermaßen für Berufe gilt, die wir von Natur aus mit dem Dienst in Verbindung bringen (z. B. Missionar sein), wie auch für solche, die man eher als "Arbeit" bezeichnen würde (z. B. Gastfreundschaft). Alle Berufungen haben das Potenzial, dem Reich Gottes zu dienen und es zu bezeugen, besonders wenn sie im Streben nach Rechtschaffenheit und Gerechtigkeit eingesetzt werden.

In Apostelgeschichte 13,1-3 wird eine christliche Gemeinschaft vorgestellt, die zu erkennen versucht, wie der Geist sie dazu führt, Zeugen zu sein, und Paulus und Barnabas werden ausgewählt, als reisende Evangelisten und Heiler zu arbeiten. Auffallend ist, dass diese Unterscheidung in der Gemeinschaft getroffen wird. Die christliche Gemeinschaft, nicht der Einzelne, ist besser in der Lage, die Berufungen der einzelnen Mitglieder zu erkennen. Das kann bedeuten, dass die christlichen Gemeinschaften von heute gemeinsam mit Familien und jungen Menschen nach Antworten auf Fragen wie "Was willst du tun, wenn du erwachsen bist?", "Was wirst du nach deinem Abschluss tun?" oder "Wozu ruft Gott dich?" suchen sollten. Dies würde voraussetzen, dass die christlichen Gemeinschaften ein größeres Fachwissen im Bereich der Berufsfindung entwickeln, als es derzeit üblich ist. Es würde auch erfordern, dass sie ein viel ernsthafteres Interesse an der Arbeit haben, die der Welt außerhalb der kirchlichen Strukturen dient. Es reicht nicht aus, die Autorität über das Arbeitsleben junger Menschen zu behaupten. Sie werden nur dann aufhorchen, wenn die christliche Gemeinschaft ihnen hilft, besser zu erkennen, als es andere Mittel können.

Dies wäre eine doppelte Form des Zeugnisses. Erstens haben junge Menschen aller Glaubenstraditionen - und auch solche ohne Tradition - große Schwierigkeiten, einen Arbeitsplatz zu wählen oder zu finden. Stellen Sie sich vor, die christliche Gemeinschaft könnte ihnen wirklich helfen, ihre Belastung zu verringern und die Ergebnisse zu verbessern. Zweitens arbeitet die große Mehrheit der Christen außerhalb der kirchlichen Strukturen. Stellen Sie sich vor, wir alle sähen unsere Arbeit als einen christlichen Dienst an der Welt, der das Leben von Millionen von Menschen verbessert, mit denen und für die wir arbeiten. Wie würde dies Christus in der Welt sichtbarer machen?

Die gemeinsame Entscheidung über die Berufung setzt sich in der gesamten Apostelgeschichte fort, da Paulus viele andere Missionare in der Gemeinschaft auswählt, wie Barnabas, Timotheus, Silas und Priscilla, um nur einige zu nennen. Zweitens, und das beweist einmal mehr den Realismus des Lukas, sehen wir, dass diese gemeinsame Berufung zum Zeugnis die mit der menschlichen Sündhaftigkeit einhergehende Spannung in den Beziehungen nicht aufhebt. Paulus und Barnabas haben einen so ernsten Streit über die Aufnahme von Johannes Markus (der sich bei einer früheren Gelegenheit von der Gruppe abgesetzt hatte), dass sie beschließen, getrennte Wege zu gehen (**Apg 15,36-40**).

Leitung und Entscheidungsfindung in der christlichen Gemeinschaft (Apostelgeschichte 15)

Ein Beispiel für die radikale Neuausrichtung der sozialen Interaktionen in der christlichen Gemeinschaft ergibt sich aus einem tiefgreifenden Streit darüber, ob Heidenchristen jüdische Gesetze und Bräuche übernehmen sollten. In der hierarchischen römischen Gesellschaft würde das Oberhaupt einer sozialen Organisation eine solche Entscheidung für seine Anhänger treffen, vielleicht nach Anhörung verschiedener Meinungen. In der christlichen Gemeinschaft jedoch werden wichtige Entscheidungen von der Gruppe als Ganzes getroffen, und zwar auf der Grundlage ihres gleichberechtigten Zugangs zur Führung durch den Heiligen Geist.

Petrus erhält die verblüffende Offenbarung, dass Gott den Heiden "Umkehr, die zum Leben führt" (**Apg 11,18**), anbietet, ohne sie zu zwingen, zuerst zum Judentum überzutreten. Doch als er in Begleitung einiger unbeschnittener Männer (Heiden) nach Jerusalem reist, beschweren sich einige der dortigen Christen, dass er gegen das jüdische Gesetz verstößt (**Apg 11,1-2**). Als er auf diese Weise herausgefordert wird, wird Petrus nicht wütend oder versucht, sich über sie zu erheben, indem er sie an seine Position als Leiter unter den Jüngern Jesu erinnert, noch setzt er ihre Meinungen herab oder stellt ihre Motive in Frage. Stattdessen erzählt er, was geschehen ist, was ihn zu dieser Schlussfolgerung veranlasst hat und wie er Gottes Hand darin sieht: "Wenn Gott ihnen dieselbe Gabe gegeben hat, die er auch uns gegeben hat, nachdem wir an den Herrn Jesus Christus geglaubt haben, wer bin ich, dass ich Gott hindern könnte? Beachten Sie, dass er sich nicht als weiser und moralisch überlegener Mann darstellt, sondern als jemand, der im Begriff war, einen schweren Fehler zu begehen, bis Gott ihn korrigierte.

Dann lässt er seine Gesprächspartner antworten. Nachdem sie die Erfahrung des Petrus gehört haben, reagieren sie nicht defensiv, sie stellen die Autorität des Petrus im Namen des Jakobus (Jesu Bruder und Leiter der Jerusalemer Gemeinde) nicht in Frage und sie beschuldigen ihn nicht, seine Autorität zu überschreiten. Stattdessen suchen auch sie das Wirken Gottes und kommen zu demselben Schluss wie Petrus. Was als Konfrontation begann, endet in Gemeinschaft und Lobpreis. "Und als sie das hörten, wurden sie ruhig und priesen Gott" (**Apg 11,18**). Wir können nicht erwarten, dass alle Streitigkeiten so freundschaftlich gelöst werden, aber wir können sehen, dass es allen Grund gibt, ein für beide Seiten erbauliches Ergebnis zu erwarten, wenn Menschen Gottes Gnade im Leben des anderen erkennen und erforschen.

Petrus verlässt Jerusalem, nachdem er sich mit seinen früheren Gegnern versöhnt hat, aber in Judäa gibt es immer noch einige, die lehren, dass die Heiden zuerst zum Judentum konvertieren müssen, und die sagen: "Wenn ihr nicht nach dem Ritus des Mose beschnitten werdet, könnt ihr nicht gerettet werden" (**Apg 15,1**). Paulus und Barnabas sind zu dieser Zeit in Antiochia und haben wie Petrus Gottes Gnade für die Heiden erfahren, ohne dass sie zum Judentum konvertieren müssen. Der Text sagt uns, dass die Spaltung ernst war, aber man beschloss gemeinsam, die Weisheit der christlichen Gemeinschaft zu suchen. "Da Paulus und Barnabas mit ihnen große Meinungsverschiedenheiten und Auseinandersetzungen hatten, beschlossen die Brüder, dass Paulus und Barnabas und einige andere von ihnen nach Jerusalem zu den Aposteln und Ältesten hinaufgehen sollten, um diese Angelegenheit zu besprechen" (**Apostelgeschichte 15,2**).

Sie kamen in Jerusalem an und wurden von den Aposteln und Ältesten herzlich empfangen (**Apostelgeschichte 15,4**). Diejenigen, die eine andere Meinung vertraten - nämlich dass die Heiden zuerst zum Judentum bekehrt werden sollten - sind ebenfalls anwesend (**Apg 15,5**). Sie alle beschließen, zusammenzukommen, um die Frage zu erörtern und eine dynamische Debatte zu führen (**Apg 15,6**). Dann erzählt Petrus, der natürlich zu den Aposteln in Jerusalem gehört, erneut, wie Gott den Heiden seine Gnade offenbart hat, ohne dass sie sich zum Judentum bekehren mussten (**Apg 15,7**). Paulus und Barnabas berichten von ihren diesbezüglichen Erfahrungen und konzentrieren sich dabei ebenfalls auf das, was Gott tut, und erheben keinen Anspruch auf überlegene Weisheit oder Autorität (**Apostelgeschichte 15,12**). Alle, die sich zu Wort melden, werden in respektvoller Weise angehört. Die Gruppe prüft dann, was jeder von ihnen im Licht der Heiligen Schrift gesagt hat (**Apg 15,15-17**). Jakobus, der der Gemeinde in Jerusalem vorsteht, schlägt eine Lösung vor: "Ich bin der Meinung, dass wir die Heiden, die sich zu Gott bekehren, nicht beunruhigen sollten, sondern ihnen schreiben, dass sie sich von allem enthalten sollen, was durch Götzen verunreinigt ist, von Unzucht, von Ersticktem und von Blut" (**Apostelgeschichte 15,19-20**).

Hätte Jakobus seine Autorität als römischer Patron ausgeübt, wäre die Diskussion damit beendet gewesen, da allein sein Status die Antwort bestimmt hätte. Aber so wird eine Entscheidung in der christlichen Gemeinschaft nicht getroffen. Die Gemeinschaft akzeptiert seine Entscheidung, aber als eine Angelegenheit der Zustimmung, nicht des Befehls. Nicht nur Jakobus' Meinung, sondern die aller Leiter - ja der ganzen Gemeinde - wird bei der Entscheidung berücksichtigt. "Da schien es den Aposteln und Ältesten und der ganzen Gemeinde gut zu sein" (**Apostelgeschichte 15,22**). Und als sie den heidnischen Gemeinden ihren Beschluss mitteilten, "euch keine größere Last aufzuerlegen" (**Apg 15,28b**), taten sie dies im Namen der ganzen Gemeinde, nicht im Namen von Jakobus als Schirmherr. "Als wir uns einig waren, schien es uns gut zu sein, einige Männer auszuwählen, die wir zu euch senden sollten" (**Apg 15,25**). Außerdem beanspruchen sie keine persönliche Autorität, sondern sagen, dass sie versucht haben, dem Heiligen Geist gehorsam zu sein: "Denn es schien dem Heiligen Geist und uns gut zu sein..." (**Apg 15,28a**). Das Wort *scheint auf* die Demut ihrer Entscheidung hinzudeuten und unterstreicht, dass sie dem römischen Klientelsystem mit seinen Zuschreibungen von Macht, Prestige und Status abgeschworen haben.

Bevor wir diese Episode abschließen, wollen wir noch auf ein weiteres Element eingehen. Die Leiter in Jerusalem zeigen außerordentliche Sanftmut angesichts der Erfahrung der Mitarbeiter im Feld - Petrus, Paulus und Barnabas -, die allein und weit weg vom Hauptquartier dienten und jeweils mit einer besonderen Situation konfrontiert waren, die eine praktische Entscheidung erforderte. Die Leiter in Jerusalem respektierten ihre Erfahrung und ihr Urteilsvermögen und formulierten sorgfältig die Grundsätze, von denen sie sich bei ihren Entscheidungen leiten lassen sollten (**Apg 15,19-21**), aber sie delegierten die Entscheidungsfindung an diejenigen, die näher am Geschehen waren, und bestätigten die von Petrus, Paulus und Barnabas im Feld getroffenen Entscheidungen. Auch dies stellt eine Abkehr vom römischen System des Klientelismus dar, das Macht und Autorität in den Händen des Chefs konzentrierte.

Die positiven Auswirkungen einer einheitlichen Vermittlung von Aufgaben, Grundsätzen und Werten in Verbindung mit einer lokalisierten Delegation von Entscheidungs- und Handlungsbefugnissen sind hinlänglich bekannt, da sie in der zweiten Hälfte des zwanzigsten Jahrhunderts von Unternehmen, dem Militär, dem Bildungswesen, gemeinnützigen Organisationen und staatlichen Einrichtungen weitgehend übernommen wurden. Dies hat das Management fast aller Arten von Organisationen radikal verändert. Die daraus resultierende Entfaltung menschlicher Kreativität, Produktivität und Leistung würde die Führer der frühen Kirche nicht überraschen, denn sie erlebten die gleiche Explosion bei der raschen Ausbreitung der Kirche zur Zeit der Apostel.

Es ist jedoch nicht klar, ob die Kirchen heute diese Lektion in Bezug auf die Wirtschaftstätigkeit vollständig verinnerlicht haben. Zum Beispiel beklagen sich Christen, die in Entwicklungsländern arbeiten, häufig darüber, dass die starren Positionen der Kirchen in den Industrieländern sie behindern. Gut gemeinte Boykotte, faire Handelsnormen und andere Druckmittel können das Gegenteil der beabsichtigten Folgen haben. So berichtete beispielsweise ein Missionar für wirtschaftliche Entwicklung in Bangladesch von negativen Ergebnissen, weil seine Patenorganisation in den Vereinigten Staaten Beschränkungen für Kinderarbeit eingeführt hatte. Ein Unternehmen, an dessen Entwicklung er beteiligt war, wurde aufgefordert, keine Materialien mehr zu kaufen, die von Arbeitern unter sechzehn Jahren hergestellt wurden. Einer der Zulieferer war ein Unternehmen, das aus zwei Brüdern im Teenageralter bestand. Aufgrund der neuen Beschränkungen musste das Unternehmen den Kauf von Teilen von den Brüdern einstellen, wodurch die Familie ohne Einkommensquelle dastand. Infolgedessen musste die Mutter zur Prostitution zurückkehren, was die Situation für sie, die Brüder und den Rest der Familie noch verschlimmerte. Später sagte der Missionar: "Was wir von der Kirche in den Vereinigten Staaten brauchen, ist eine Bruderschaft, die nicht bedrückend ist. Wenn wir den Willen wohlmeinender Christen im Westen befolgen müssen, schaden wir den Menschen in unserem Land.

Die Gemeinschaft des Geistes konfrontiert einflussreiche Menschen (Apg. 16; 19).

In der zweiten Hälfte der Apostelgeschichte geraten Paulus, seine Gefährten und verschiedene christliche Gemeinschaften in Konflikt mit denjenigen, die die lokale wirtschaftliche und zivile Macht ausüben. Der erste Vorfall ereignet sich in Antiochia in Pisidien, wo "die frommen und vornehmen Frauen und die vornehmsten Männer der Stadt" (**Apg 13,50**) aufgefordert werden, sich gegen Paulus und Barnabas zu stellen und sie aus der Stadt zu vertreiben. In Ikonium werden Paulus und Barnabas von "den Heiden und den Juden und ihren Obersten" misshandelt (**Apg 14,5**). In Philippi werden Paulus und Silas ins Gefängnis geworfen, weil sie die Stadt "aufgewühlt" haben (**Apostelgeschichte 16,19-24**). Paulus hat Auseinandersetzungen mit den Stadtbeamten von Thessaloniki (**Apg 17,6-9**) und dem Prokonsul von Achaia (**Apg 18,12**). Später hat er einen Konflikt mit einer Gruppe von Silberarbeitern in Ephesus (**Apostelgeschichte 19,23-41**). Die Konflikte gipfeln im Prozess gegen Paulus wegen Landfriedensbruchs in Jerusalem, der die letzten acht Kapitel der Apostelgeschichte einnimmt.

Diese Konfrontationen mit den lokalen Mächten sollten uns nicht überraschen, wenn wir an das von Petrus in Apostelgeschichte 2 angekündigte Kommen des Heiligen Geistes denken. Dort haben wir gesehen, dass das Kommen des Geistes auf eine geheimnisvolle Weise der Beginn von Gottes neuer Welt war. Es bedeutete eine Bedrohung für die Mächte der alten Welt. Wir haben gesehen, dass der Geist in der Gemeinschaft wirkte, um eine auf Gaben basierende Wirtschaft zu schaffen, die sich sehr von der auf Klientelismus basierenden römischen Wirtschaft unterschied. Die christlichen Gemeinschaften bildeten ein

System innerhalb eines Systems, in dem die Christen zwar immer noch an der römischen Wirtschaft teilnahmen, aber eine andere Art der Ressourcennutzung hatten. Der Konflikt mit den lokalen Machthabern war gerade darauf zurückzuführen, dass sie am meisten an der Aufrechterhaltung der römischen Klientelwirtschaft interessiert waren.

Die Konfrontationen in **Apostelgeschichte 16,16-24** und **Apostelgeschichte 19,23-41** verdienen eine weitere Erörterung. Hier steht der Zustand des Reiches Gottes in krassem Widerspruch zu den wirtschaftlichen Praktiken der römischen Welt.

Die Auseinandersetzung um die Freilassung einer Sklavin in Philippi (Apostelgeschichte 16,16-24)

<hr>

Die erste der beiden Konfrontationen findet in Philippi statt, wo Paulus und Silas auf ein Mädchen mit einem Wahrsagegeist treffen. Im griechisch-römischen Kontext wurde diese Art von Geist mit Wahrsagerei in Verbindung gebracht - eine Verbindung, die "ihren Herren großen Gewinn brachte" (**Apg 16,16**). Dies scheint ein Beispiel für die übelste Form der wirtschaftlichen Ausbeutung zu sein. Es ist rätselhaft, dass Paulus und Silas nicht schneller handeln (**Apostelgeschichte 16,18**), aber das liegt wahrscheinlich daran, dass Paulus erst eine Verbindung zu ihr oder ihren Besitzern herstellen wollte, bevor er sie korrigiert. Als Paulus jedoch handelt, ist das Ergebnis eine geistliche Befreiung für das Mädchen und ein finanzieller Verlust für ihre Besitzer. Die Besitzer reagieren darauf, indem sie Paulus und Silas vor die Behörden zerren und ihnen vorwerfen, den Frieden zu stören.

Dieses Ereignis zeigt überzeugend, dass der Befreiungsdienst, den Jesus in Lukas 4 verkündet hat, zumindest einer gängigen Geschäftspraxis zuwiderlaufen kann, nämlich der Ausbeutung von Sklaven. Unternehmen, die auf Kosten der Ausbeutung von Menschen finanzielle Gewinne erzielen, stehen im Widerspruch zum christlichen Evangelium. (Regierungen, die Menschen ausbeuten, sind genauso böse. Vorhin haben wir besprochen, wie Herodes' Gewalt gegen sein Volk und sogar seine eigenen Soldaten zu seinem Tod durch die Hand eines Engels des Herrn führte). Paulus und Silas waren nicht in der Mission, die korrupten wirtschaftlichen und politischen Praktiken der römischen Welt zu reformieren. Es war jedoch unausweichlich, dass die Macht Jesu, die Menschen von Sünde und Tod zu befreien, die Fesseln der

Ausbeutung sprengen würde. Es kann keine geistliche Befreiung ohne wirtschaftliche Konsequenzen geben. Paulus und Silas waren bereit, sich Spott, Schlägen und Gefängnis auszusetzen, um jemandem wirtschaftliche Befreiung zu bringen, der aufgrund seines Geschlechts, seines wirtschaftlichen Status und seines Alters für Missbrauch anfällig war.

Spulen wir zweitausend Jahre zurück, und ist es möglich, dass Christen sich mit Produkten, Unternehmen, Industrien und Regierungen, die gegen christliche ethische und soziale Grundsätze verstoßen, arrangiert haben oder sogar davon profitiert haben? Es ist leicht, illegale Industrien wie Drogenhandel und Prostitution zu bekämpfen, aber was ist mit den vielen legalen Industrien, die Arbeitnehmern, Verbrauchern oder der Allgemeinheit schaden? Was ist mit Schlupflöchern, Subventionen und ungerechten staatlichen Vorschriften, die einigen Bürgern auf Kosten anderer zugute kommen? Erkennen wir wenigstens, wie wir von der Ausbeutung anderer profitieren können? In einer globalen Wirtschaft kann es schwierig sein, den Überblick über die Bedingungen und Folgen wirtschaftlichen Handelns zu behalten. Ein fundiertes Urteilsvermögen ist notwendig, aber die christliche Gemeinschaft war nicht immer rigoros in ihrer Kritik. Die Apostelgeschichte bietet zwar keine Grundsätze für die Bewertung wirtschaftlicher Aktivitäten, aber sie zeigt, dass wirtschaftliche Fragen auch Fragen des Evangeliums sind. Paulus und Silas, zwei der größten Missionare und Helden des Glaubens, sind der beste Beweis dafür, dass Christen aufgerufen sind, sich mit den wirtschaftlichen Missständen in der Welt auseinanderzusetzen.

Die Kapitel 17 und 18 enthalten eine Menge interessanter Informationen über das Werk, aber um die Diskussion über die Konfrontation mit der Herausforderung des Evangeliums an die Weltsysteme fortzusetzen, werden wir uns jetzt dem Bericht über die Konfrontation in **Apostelgeschichte 19,21-41 zuwenden** und dann zu den Kapiteln 17, 18 und den anderen Teilen von Kapitel 19 zurückkehren.

Die Auseinandersetzung um die Unterbrechung des Handels in Ephesus (Apostelgeschichte 19,21-41)

Der nächste Teil kommt etwas verspätet (wir überspringen **Apostelgeschichte 19,17-20**), damit wir den zweiten Vorfall der Konfrontation behandeln können. Diese findet in Ephesus statt, dem Sitz des Tempels der Diana. Der Dianakult in Ephesus war eine starke wirtschaftliche Kraft in Kleinasien. Die Pilger strömten zum Tempel (einem Bauwerk, das so großartig war, dass es als eines der sieben Weltwunder der Antike galt) in der Hoffnung, von Diana mehr Erfolg bei der Jagd, auf dem Feld oder in der Familie zu erhalten. Wie in anderen touristischen Zentren waren auch hier viele lokale Wirtschaftszweige vom Fortbestand der Attraktion abhängig.

Ein Silberschmied namens Demetrius, der kleine Tempel aus Dianas Silber schnitzte und den Handwerkern nicht wenig Gewinn einbrachte, versammelte sie mit den Handwerkern ähnlicher Berufe und sagte: "Ihr wisst, meine lieben Freunde, dass unser Wohlstand von diesem Handwerk abhängt. Und ihr seht und hört, dass dieser Paulus nicht nur in Ephesus, sondern fast in ganz Asien sehr viele Menschen überzeugt und abgewiesen hat, indem er sagte, dass Götter, die mit Händen gemacht sind, keine wahren Götter sind. Und wir stehen nicht nur in der Gefahr, dass unser Amt in Verruf gerät, sondern auch, dass der Tempel der großen Göttin Diana als wertlos angesehen wird und dass sie, die ganz Asien und die ganze Welt verehrt, ihrer Größe beraubt wird. Als sie das hörten, wurden sie zornig, schrien und sagten: "Groß ist die Diana der Epheser! Und die Stadt geriet in Verwirrung, und sie stürzten zusammen ins Theater und zogen Gaius und Aristarchus, die

Reisegefährten des Paulus, die aus Mazedonien stammten, mit sich. (**Apostelgeschichte 19,24-29**)

Wie Demetrius erkennt, kann man von Menschen, die Jesus nachfolgen, erwarten, dass sie ihren Umgang mit Geld ändern. Der Verzicht auf den Kauf von Gegenständen, die der Götzenverehrung dienen, ist nur die offensichtlichste Veränderung. Von Christen kann auch erwartet werden, dass sie weniger Geld für Luxusartikel für sich selbst und mehr für das Notwendige zum Nutzen anderer ausgeben. Vielleicht werden sie weniger konsumieren und allgemein mehr spenden oder investieren. Es gibt nichts, was Christen verbieten würde, generell Tafelsilber zu kaufen, aber Demetrius hat Recht, wenn er sagt, dass sich das Konsumverhalten ändern wird, wenn viele Menschen anfangen, an Jesus zu glauben. Dies wird immer eine Bedrohung für diejenigen darstellen, die hauptsächlich davon profitieren, dass alles so funktioniert wie bisher.

Dies veranlasst uns zu der Frage, welche Aspekte des Wirtschaftslebens in unserem eigenen Kontext möglicherweise nichts mit dem christlichen Evangelium zu tun haben. Ist es zum Beispiel möglich, dass Christen entgegen der Befürchtung von Demetrius weiterhin Waren und Dienstleistungen kaufen, die im Widerspruch zur Nachfolge Jesu stehen? Sind wir Christen geworden, kaufen aber weiterhin das Äquivalent von Dianas kleinen silbernen Tempeln? Bestimmte "begehrte" Markenartikel mögen einem in den Sinn kommen, die an den Wunsch der Käufer appellieren, sich mit sozialem Status, Reichtum, Macht, Intelligenz, Schönheit oder anderen Attributen in Verbindung zu bringen, die das "Markenversprechen" der Artikel impliziert. Wenn Christen behaupten, dass ihre Stellung nur von der bedingungslosen Liebe Gottes in Christus herrührt, stellt ihre Verbindung mit Marken dann eine Art Götzendienst dar? Ist der Kauf von Artikeln einer angesehenen Marke im Grunde so ähnlich wie der Kauf eines silbernen Tempels von Diana? Dieser Vorfall in Ephesus warnt uns davor, dass die Nachfolge Jesu wirtschaftliche Konsequenzen hat, die uns zumindest manchmal Unbehagen bereiten können.

Mit Respekt in die Kultur eintreten (Apostelgeschichte 17:16-34)

Trotz der Notwendigkeit, sich mit mächtigen und einflussreichen Menschen in der breiteren Kultur auseinanderzusetzen, ist Konfrontation nicht immer der beste Weg für die christliche Gemeinschaft, sich mit der Welt auseinanderzusetzen. Oft ist die Kultur fehlgeleitet, in Schwierigkeiten oder ignorant gegenüber Gottes Gnade, aber nicht wirklich unterdrückend. In diesen Fällen kann der beste Weg, das Evangelium zu verkünden, darin bestehen, mit der Kultur zusammenzuarbeiten und sich respektvoll mit ihr auseinanderzusetzen.

In Apostelgeschichte 17 liefert Paulus ein Modell für einen respektvollen Umgang mit der Kultur, der mit der Beobachtung beginnt. Paulus geht durch die Straßen von Athen und beobachtet die Tempel der verschiedenen Götter, die er dort findet. Er sagt, dass er "im Vorbeigehen die Gegenstände eurer Verehrung betrachtete" (**Apg 17,23**) und dabei feststellte, dass sie "durch die Kunst und das Denken" der Menschen geschaffen worden waren (**Apg 17,29**). Außerdem las er ihre Literatur und kannte sie gut genug, um sie zu zitieren und mit dem nötigen Respekt zu behandeln, um sie in seine Verkündigung über Christus einzubeziehen. Nach Paulus enthält sie sogar etwas von Gottes Wahrheit, denn er zitiert sie mit den Worten: "wie auch einige eurer eigenen Dichter gesagt haben: 'Denn auch wir sind seine Nachkommen'" (**Apg 17,28**). Das Engagement für eine radikale Umgestaltung der Gesellschaft bedeutet nicht, dass Christen sich gegen die Kultur als Ganzes wenden müssen. Die Gesellschaft ist nicht völlig atheistisch - "denn in ihm leben und bewegen wir uns und existieren" -, sondern sie ist sich Gottes nicht bewusst.

In ähnlicher Weise müssen wir auch an unserem Arbeitsplatz aufmerksam sein. Wir können viele gute Praktiken in unseren Schulen, Unternehmen, Regierungen oder an anderen Arbeitsplätzen finden, auch wenn sie nicht aus der christlichen Gemeinschaft stammen. Wenn wir tatsächlich beobachten, sehen wir, dass auch diejenigen, die sich nicht zu Christus bekennen oder ihn ohnehin verachten, nach dem Bild Gottes geschaffen sind. Wie Paulus sollten wir mit ihnen zusammenarbeiten, anstatt zu versuchen, sie zu diskreditieren. Wir können mit Nichtgläubigen zusammenarbeiten, um die Beziehungen zwischen Arbeitnehmern und Arbeitgebern, den Kundendienst, die Forschung und Entwicklung, die Unternehmens- und Zivilverwaltung, die öffentliche Bildung und andere Bereiche zu verbessern. Wir müssen die Fähigkeiten und das Wissen nutzen, das an Universitäten, in Unternehmen, gemeinnützigen Organisationen und anderswo entwickelt wird. Unsere Aufgabe ist es nicht, ihre Arbeit zu verurteilen, sondern sie zu vertiefen und zu zeigen, dass sie beweist, dass "[Gott] keinem von uns fern ist" (**Apostelgeschichte 17,27**). Stellen Sie sich den Unterschied vor zwischen der Aussage: "Deine Arbeit ist schlecht, weil du Christus nicht kennst" und "Weil ich Christus kenne, kann ich deine Arbeit noch mehr schätzen als du".

Gleichzeitig müssen wir aber auch die Gebrochenheit und Sünde an unserem Arbeitsplatz sehen. Unsere Aufgabe ist es nicht, zu richten, sondern zu heilen oder zumindest den Schaden zu begrenzen. Paulus weist besonders auf die Sünde und Verzerrung des Götzendienstes hin. "Sein Geist wurde in ihm entflammt, als er die Stadt voller Götzen sah" (**Apostelgeschichte 17,16**). Die Götzen des modernen Arbeitsplatzes sind, wie die Götzen des antiken Athens, unterschiedlich und zahlreich. Ein christlicher Leiter in New York sagte,

Wenn ich mit Pädagogen zusammenarbeite, die die Idee vergöttern, dass alle Probleme der Welt durch Bildung gelöst werden können, verbindet sich mein Herz mit ihrem Wunsch, die Probleme der Welt zu lösen. Ich mache ihnen jedoch klar, dass Bildung nur so weit gehen kann, dass aber die wahre Lösung von Christus kommt. Das Gleiche gilt für viele andere Berufe.

Wenn wir wie Paulus aufmerksam beobachten, werden wir zu einsichtigen Zeugen der einzigartigen Kraft Christi, die Welt zu reparieren.

"Denn er hat einen Tag bestimmt, an dem er den Erdkreis in Gerechtigkeit richten wird durch einen Menschen, den er dazu bestimmt hat und der allen Menschen den Beweis geliefert hat, indem er ihn von den Toten auferweckt hat". (**Apostelgeschichte 17:30-31**)

Der Zeltbau und das christliche Leben
(Apostelgeschichte 18,1-4)

Der Abschnitt in der Apostelgeschichte, der am häufigsten mit Arbeit in Verbindung gebracht wird, ist der Abschnitt, in dem Paulus Zelte baut (**Apg 18,1-4**). Obwohl diese Stelle bekannt ist, wird sie oft in einer eingeschränkten Weise verstanden. Nach der anerkannten Lesart verdient Paulus mit dem Zelten Geld, um seinen eigentlichen Dienst des Zeugnisses für Christus zu finanzieren. Diese Sichtweise ist sehr begrenzt, denn sie verkennt, dass das Zeltmachen selbst ein echter Dienst ist, der von Christus zeugt. Paulus ist ein Zeuge, wenn er predigt und wenn er Zelte baut und seinen Verdienst zum Nutzen der Allgemeinheit einsetzt.

Dies steht in direktem Zusammenhang mit der Auffassung des Lukas, dass der Geist die Christen dazu befähigt, ihre Ressourcen zum Wohl der ganzen Gemeinschaft einzusetzen, die ihrerseits Zeugnis vom Evangelium ablegt. Erinnern wir uns daran, dass der Leitgedanke des Lukas für das christliche Leben das Zeugnis ist und jeder Aspekt des eigenen Lebens das Potenzial hat, Zeugnis zu geben. Es ist daher erstaunlich, dass Paulus ein Beispiel für diese vom Geist geprägte Praxis ist.

Es ist sicher richtig, dass Paulus seinen Lebensunterhalt bestreiten wollte, aber sein Antrieb war nicht nur die Unterstützung seines Dienstes als Prediger, sondern auch die finanzielle Unterstützung der ganzen Gemeinde. Als Paulus seinen wirtschaftlichen Einfluss bei den Ephesern beschreibt, sagt er:

Ich habe weder Silber noch Gold noch die Kleidung eines Menschen begehrt. Ihr wisst, dass diese Hände mir für meine eigenen Bedürfnisse und für die Bedürfnisse derer, die bei mir waren, gedient haben. In allem habe *ich euch gezeigt, dass ihr auf diese Weise, indem ihr arbeitet, den Schwachen helfen sollt*, und denkt an die Worte des Herrn Jesus, der gesagt hat: "*Geben ist seliger denn nehmen.*" (**Apostelgeschichte 20:33-35**, Hervorhebung hinzugefügt)

Paulus' Arbeit, mit der er Geld verdiente, war eine Arbeit zur wirtschaftlichen Stärkung der Gemeinschaft. Paulus setzt seine Fähigkeiten und seinen Besitz zum Nutzen der Gemeinschaft ein und sagt ausdrücklich, dass dies ein Beispiel ist, dem man folgen sollte. Er sagt nicht, dass jeder seinem Beispiel des Predigens folgen soll, aber er sagt, dass jeder seinem Beispiel folgen soll, zu arbeiten, um den Schwachen zu helfen und großzügig zu geben, wie Jesus selbst es gelehrt hat. Ben Witherington argumentiert überzeugend, dass Paulus nicht aufgrund seiner apostolischen Stellung einen höheren Status für sich beansprucht, sondern dass er "für Christus die soziale Leiter hinabsteigt".

Es ist also nicht so, dass Paulus aus der Not heraus Zelte aufgeschlagen hätte, um seine "eigentliche Arbeit" des Predigens zu tun. Alle Arten der Arbeit des Paulus in der Näherei, auf dem Marktplatz, in der Synagoge, im Hörsaal und im Gefängnis sind Formen des Zeugnisgebens. In all diesen Kontexten nimmt Paulus an Gottes Wiederherstellungsprojekt teil. In all diesen Kontexten demonstriert Paulus seine neue Identität in Christus zur Ehre Gottes und mit der Motivation der Liebe zu seinem Nächsten, einschließlich seiner ehemaligen Feinde. Selbst als er als Gefangener auf dem Meer transportiert wird, setzt er während eines heftigen Sturms seine Gabe der Führung und Ermutigung ein, um die Soldaten und Matrosen, die ihn gefangen hielten, an Land zu bringen (**Apostelgeschichte 27,21-38**). Selbst wenn er nicht als Prediger und Apostel begabt gewesen wäre, hätte er allein durch die Art und Weise, wie er Zelte baute, sich für das Wohl der Gemeinschaft und für das Wohl anderer in jeder Situation einsetzte, Zeugnis für Christus abgelegt.

Der Begriff "Zeltmacher" ist zu einer gängigen Metapher für Christen geworden, die einen Beruf ausüben, mit dem Geld verdient wird, um das zu unterstützen, was oft als "professioneller Dienst" bezeichnet wird. Der Begriff "bivocational" wird verwendet, um anzudeuten, dass zwei verschiedene Berufe miteinander verbunden sind, nämlich der des Geldverdienens und der des Dienstes. Das Beispiel des Paulus zeigt jedoch, dass alle Aspekte des menschlichen Lebens ein kontinuierliches Zeugnis geben sollten. Der Spielraum für Unterscheidungen zwischen dem "beruflichen Dienst" und anderen Formen des Zeugnisses ist sehr gering. Nach der Apostelgeschichte haben die Christen nur eine einzige Berufung: Zeugen des Evangeliums zu sein. Es gibt viele Formen des Dienstes, darunter Predigt und Seelsorge, Zeltbau, Bau von Möbeln, Geldspenden und Fürsorge für die Schwachen. Ein Christ, dessen Beruf Geld einbringt, wie z. B. der Zeltmacher, um einen Beruf zu unterstützen, der kein Geld einbringt, wie z. B. das Lehren über Jesus, würde eher als "doppelter Diener" als als "bivokational" bezeichnet werden - eine Berufung, zwei Formen des Dienstes. Das Gleiche gilt für jeden Christen, der in mehr als einem Beruf dient.

Das Evangelium und die Grenzen der Berufung und der Beteiligung (Apg 19,17-20)

In Apostelgeschichte 19,13-16 wird eine merkwürdige Geschichte über die Umkehr "vieler, die Zauberei betrieben" (**Apg 19,19**), erzählt. Sie sammelten ihre magischen Bücher und verbrannten sie öffentlich, und Lukas berichtet uns, dass der Wert der Schriftrollen, die diese Bekehrten verbrannten, fünfzigtausend Silberstücke betrug. Dies entspricht schätzungsweise dem Lohn eines Tagelöhners für 137 Jahre oder genug Brot, um 100 Familien 500 Tage lang zu ernähren. Die Integration in die Gemeinschaft des Reiches Gottes hat enorme wirtschaftliche und berufliche Auswirkungen.

Es ist zwar nicht klar, ob diejenigen, die ihre Beteiligung an der Magie bereuten, auch die Mittel bereuten, mit denen sie ihren Lebensunterhalt verdienten, aber es ist unwahrscheinlich, dass eine so teure Büchersammlung einfach nur ein Hobby war. Hier sehen wir, dass die durch den Glauben an Jesus herbeigeführte Lebensveränderung sich unmittelbar in einer beruflichen Entscheidung niederschlägt - ein bekanntes Ergebnis im Lukasevangelium. In diesem Fall sahen sich die Gläubigen veranlasst, ihren früheren Beruf ganz aufzugeben.

In vielen anderen Fällen ist es möglich, denselben Beruf beizubehalten, aber es wird notwendig, ihn auf eine andere Art und Weise auszuüben. Stellen Sie sich zum Beispiel vor, dass ein Verkäufer sein Geschäft mit dem Verkauf unnötiger Versicherungen an Senioren aufgebaut hat. Dieser Verkäufer müsste seine Praxis aufgeben, könnte aber weiterhin Versicherungen verkaufen, wenn er eine Produktlinie wählt, die den Menschen, die sie kaufen, zugute kommt. Die Provisionen mögen niedriger sein (oder auch nicht), aber der Beruf bietet vielen ethisch denkenden Arbeitnehmern viele Möglichkeiten für legitimen Erfolg.

Viel schwieriger ist die Situation bei Berufen, die zwar rechtmäßig ausgeübt werden könnten, bei denen aber illegale Praktiken so tief verwurzelt sind, dass es schwierig ist, im Wettbewerb zu bestehen, ohne biblische Grundsätze zu verletzen. Viele Beamte in Ländern mit einem hohen Maß an Korruption stehen vor diesem Dilemma. Es ist möglich, ein ehrlicher Bauinspektor zu sein, aber es ist schwierig, wenn der offizielle Lohn zehn Dollar pro Woche beträgt und der Vorgesetzte eine monatliche Zahlung von hundert Dollar verlangt, damit er den Job behalten kann. Ein Christ steht in einer solchen Situation vor einer schwierigen Entscheidung. Wenn alle ehrlichen Menschen ihren Beruf aufgeben würden, wäre es noch schlimmer für die Gesellschaft. Aber wenn es schwierig oder unmöglich ist, in diesem Beruf ein ehrliches Einkommen zu erzielen, wie kann dann ein Christ dort bleiben? Diese Frage erörtert Lukas in **Lukas 3,9**, wo Johannes der Täufer den Soldaten und Zöllnern rät, in ihren Berufen zu bleiben, aber auf die Erpressung und den Betrug zu verzichten, die die meisten ihrer Kollegen praktizierten (mehr zu dieser Stelle siehe den Abschnitt über **Lukas 3,1-14** in "**Lukas und die Arbeit**").

Leiterschaft als Zeugnis
(Apostelgeschichte 20-28)

Die letzten acht Kapitel der Apostelgeschichte sind ein aktionsgeladener Bericht über ein Attentat auf Paulus, gefolgt von seiner Inhaftierung durch zwei römische Statthalter und seiner erschütternden Reise an Bord eines Schiffes zu seinem Prozess in Rom. In vielerlei Hinsicht rekapitulieren die Erfahrungen des Paulus den Höhepunkt des Wirkens Jesu, und so könnten die Apostelgeschichte 20-28 als eine Art Passion des Paulus verstanden werden. Der wichtigste Aspekt für die Arbeit in diesen Kapiteln ist die Beschreibung von Paulus' Führung. Wir werden uns auf das konzentrieren, was wir über seinen Mut, sein Leiden, seine Achtung vor anderen und seine Sorge um das Wohlergehen anderer erfahren.

Paulus' Mut

Nach den Konflikten in Philippi und Ephesus erhält Paulus Drohungen mit Gefängnis (**Apg 20,23; 21,11**) und Tod (**Apg 20,3; 23,12-14**). Bei diesen Drohungen handelt es sich nicht nur um Worte, denn es werden tatsächlich zwei Anschläge auf sein Leben verübt (**Apg 21,31; 23,21**). Er wird von der römischen Regierung verhaftet (**Apg 23,10**), und es werden Anklagen gegen ihn erhoben (**Apg 24,1-9**), die zwar falsch sind, aber letztlich zu seiner Hinrichtung führen. Angesichts der von uns untersuchten Konflikte ist es nur natürlich, dass das Befolgen der Wege des Reiches Gottes zu Konflikten mit den unterdrückerischen Wegen der Welt führen sollte.

Doch trotz allem bewahrt Paulus einen außergewöhnlichen Mut. Er setzt seine Arbeit (das Predigen) trotz Drohungen fort und wagt es sogar, seinen Gefangenen zu predigen, sowohl Juden (**Apg 23,1-10**) als auch Römern (**Apg 24,21-26; 26,32; 28,30-31**). Am Ende erweist sich sein Mut als entscheidend, nicht nur für seine Predigttätigkeit, sondern auch für die Rettung des Lebens von Hunderten von Menschen inmitten eines Schiffbruchs (**Apg 27,22-23**). Seine Worte bringen seine mutige Haltung auf den Punkt, als die Menschen um ihn herum von Angst ergriffen werden. "Was tut ihr, weint ihr und brecht mir das Herz? Denn ich bin bereit, mich nicht nur binden zu lassen, sondern auch in Jerusalem zu sterben für den Namen des Herrn Jesus" (**Apostelgeschichte 21,13**).

Es geht jedoch nicht darum, dass Paulus ein Mann mit außergewöhnlichem Mut ist, sondern darum, dass der Heilige Geist jedem von uns den Mut gibt, den wir brauchen, um unsere Arbeit zu tun. Paulus dankt dem Heiligen Geist, dass er ihm angesichts solcher Widrigkeiten geholfen hat (**Apg 20,22; 21,4; 23,11**). Dies ist eine

Ermutigung für uns heute, denn auch wir können uns darauf verlassen, dass der Heilige Geist uns den Mut gibt, den wir brauchen. Die Gefahr besteht nicht so sehr darin, dass uns im Moment der größten Angst der Mut verlässt, sondern dass die allgegenwärtige Sorge uns daran hindert, auch nur den ersten Schritt zu tun, um den Wegen des Reiches Gottes in unserer Arbeit zu folgen. Wie oft versäumen wir es, uns für einen Kollegen einzusetzen, einen Kunden zu bedienen, einem Chef die Stirn zu bieten oder ein Problem anzusprechen, nicht weil wir unter echtem Druck stehen, sondern weil wir Angst haben, dass wir eine Autorität beleidigen könnten, wenn wir es tun? Was wäre, wenn wir beschließen würden, dass wir, bevor wir bei der Arbeit gegen Gottes Wege verstoßen, zumindest einen direkten Befehl dazu erhalten müssen? Könnten wir damit beginnen, auf den Heiligen Geist zu zählen, der uns zumindest in diesem Maße unterstützt?

Das Leiden des Paulus

Paulus braucht jeden Funken Mut, denn er weiß, dass seine Arbeit schwere Leiden mit sich bringen wird. Er sagt: "Der Heilige Geist bezeugt mir feierlich in jeder Stadt, dass Ketten und Drangsale auf mich warten" (**Apg 20,23**). Er wird entführt (**Apostelgeschichte 21,27**), geschlagen (**Apostelgeschichte 21,30-31; 23,3**), bedroht (**Apostelgeschichte 22,22; 27,42**), mehrmals verhaftet (**Apostelgeschichte 21,33; 22,24.31; 23,35; 28,16**), in Prozessen angeklagt (**Apostelgeschichte 21:34; 22:30; 24:1-2; 25:2, 7; 28:4**), verhört (**Apostelgeschichte 25:24-27**), verspottet (**Apostelgeschichte 26:24**), ignoriert (**Apostelgeschichte 27:11**), erlitt Schiffbruch (**Apostelgeschichte 27:41**) und wurde von einer Viper gebissen (**Apostelgeschichte 28:3**). Die Überlieferung besagt, dass er schließlich wegen seiner Arbeit getötet wurde, obwohl dies nirgends in der Bibel zu finden ist.

Führung in einer gefallenen Welt ist mit Leiden verbunden. Wer das Leiden als grundlegendes Element der Führung nicht akzeptiert, kann kein Führer sein, zumindest kein Führer im Sinne Gottes. Dieser Aspekt stellt eine weitere radikale Widerlegung des römischen Klientelsystems dar. Das römische System ist so aufgebaut, dass der Mäzen nicht leiden muss. So waren beispielsweise nur Mäzene berechtigt, körperlichen Strafen zu entgehen, wie wir sehen, wenn Paulus' Status als Bürger (ein Mäzen, wenn auch eines Ein-Personen-Haushalts) das einzige ist, was ihn vor willkürlichen Auspeitschungen schützt (**Apg 22,29**). Nichtsdestotrotz akzeptiert Paulus körperliche und andere Arten von Leiden als einen notwendigen Aspekt eines Jesus-ähnlichen Führers. Vielleicht wollen wir heute aus demselben Grund Leiter werden, aus dem die Männer im alten Rom Herren sein wollten: um Leiden zu vermeiden. Wir können Macht erlangen und uns vielleicht sogar vom Schmerz der Welt abschirmen. Unsere Führungsrolle kann jedoch anderen nicht zugute kommen, wenn wir nicht in geringerem oder größerem Maße Leiden in Kauf nehmen. Und wenn unsere Führung anderen nicht zugute kommt, ist es nicht die Art von Führung, die Gott will.

Paulus' Respekt

Trotz seiner absoluten Überzeugung, dass sein Glaube und sein Verhalten richtig sind, zeigt Paulus jedem, dem er begegnet, Respekt. Das ist so entwaffnend, vor allem für seine Feinde und Gefangenen, dass es ihm eine perfekte Gelegenheit bietet, vom Reich Gottes zu zeugen. Bei seiner Ankunft in Jerusalem zollt er den christlichen Judenführern Respekt und stimmt ihrer seltsamen Bitte zu, ihre fortgesetzte Treue zum jüdischen Gesetz zu demonstrieren (**Apostelgeschichte 21,17-26**). Er spricht respektvoll mit einer Menschenmenge, die ihn gerade geschlagen hat (**Apg 21,30-22,21**), mit einem Soldaten, der ihn geißeln will (**Apg 22,25-29**), mit dem jüdischen Rat, der ihn vor einem römischen Gericht anklagt - sogar so weit, dass er sich entschuldigt, weil er versehentlich den Hohepriester beleidigt hat (**Apg 23:1-10**), dem römischen Statthalter Felix und seiner Frau Drusilla (**Apg. 24, 10-26**), Felix' Nachfolger Festus (**Apg. 25, 8-11; 26, 24-26**) und König Agrippa und seiner Frau Bernice (**Apg. 26, 2-29**), die ihn ins Gefängnis werfen. Auf der Reise dorthin begegnet er dem Zenturio Julius (**Apg 27,3**), dem Statthalter von Malta (**Apg 28,7-10**) und den Führern der jüdischen Gemeinde in Rom (**Apg 28,17-28**) mit Respekt.

Wir sollten nicht denken, dass der Respekt, den Paulus zeigt, eine Scheu vor seiner Botschaft bedeutet. Er schreckt nie davor zurück, kühn die Wahrheit zu verkünden, ganz gleich, was die Konsequenzen sind. Nachdem er in Jerusalem von einem jüdischen Mob verprügelt wurde, der ihn fälschlicherweise verdächtigte, einen Heiden in den Tempel gebracht zu haben, hält Paulus eine Predigt, die damit endet, dass er ihnen sagt, dass der Herr Jesus ihn beauftragt hat, den Heiden das Heil zu verkünden (**Apostelgeschichte 22,17-21**). In **Apostelgeschichte**

23,1-8 sagt er dem jüdischen Rat: "Ich werde gerichtet wegen der Hoffnung auf die Auferstehung der Toten" (**Apostelgeschichte 23,6**). Außerdem verkündet er Felix das Evangelium (**Apostelgeschichte 24,14-16**) und sagt zu Festus, Agrippa und Bernice: "Ich stehe vor Gericht wegen der Hoffnung auf die Verheißung, die Gott unseren Vätern gegeben hat" (**Apostelgeschichte 26,6**). Außerdem warnt er die Soldaten und Matrosen auf dem Schiff nach Rom, dass "auf dieser Reise nicht nur die Ladung und das Schiff, sondern auch unser Leben beschädigt und schwer beschädigt werden" (**Apg 27,10**). Am Ende der Apostelgeschichte predigt Paulus "das Reich Gottes und lehrt alles über den Herrn Jesus Christus in aller Freiheit und ungehindert" (**Apostelgeschichte 28,30-31**).

Der Respekt, den Paulus anderen Menschen entgegenbringt, verschafft ihm oft Gehör und macht sogar seine Feinde zu Freunden, trotz der Kühnheit seiner Worte. Der Hauptmann, der ihn geißeln wollte, interveniert vor dem römischen Gericht, das seine Freilassung anordnet (**Apg 22,26-29**). Die Pharisäer kommen zu dem Schluss: "Wir finden nichts Falsches an diesem Mann; aber was ist, wenn ein Geist oder ein Engel zu ihm gesprochen hat" (**Apg 23,9**). Felix stellt fest, dass Paulus "in Sachen ihres Gesetzes angeklagt war, aber nicht wegen irgendeines Vorwurfs, der den Tod oder das Gefängnis verdient hätte" (**Apg 23,29**), und wird zu einem eifrigen Zuhörer, der "ihn häufig zu rufen pflegte und sich mit ihm unterhielt" (**Apg 24,26**). Agrippa, Bernice und Festus erkennen, dass Paulus unschuldig ist, und Paulus' Predigten beginnen Agrippa zu überzeugen, der zu ihm sagt: "In Kürze wirst du mich überreden, Christ zu werden" (**Apg 26,28**). Als die Reise nach Rom zu Ende ist, ist Paulus de facto zum Führer des Schiffes geworden und gibt Befehle, die der Kapitän und der Hauptmann gerne befolgen (**Apostelgeschichte 27,42-44**). In Malta empfängt und bewirtet der Gouverneur Paulus und seine Gefährten, versorgt später sein Schiff und schickt sie ehrenvoll fort (**Apg 28,10**).Natürlich erwidern nicht alle die Achtung des Paulus mit Respekt. Einige verleumden ihn, weisen ihn zurück, bedrohen ihn und misshandeln ihn. Aber im Großen und Ganzen wird er vom Volk weitaus mehr respektiert als von den Gönnern des römischen Klientelsystems, unter denen er arbeitet. Die Ausübung von Macht kann einen Anschein von Respekt verlangen, aber die Ausübung von echtem Respekt wird viel eher mit echtem Respekt beantwortet.

Paulus' Sorge um andere

Paulus' Führungsstil zeichnet sich vor allem durch seine Sorge um andere aus. Er nimmt die Last der Führung nicht auf sich, um sein Leben zu verbessern, sondern um das Leben anderer zu verbessern. Beweis genug dafür ist seine Bereitschaft, an feindliche Orte zu reisen, um über eine bessere Lebensweise zu predigen. Wir sehen aber auch, dass er sich konkret und persönlich um andere kümmert. Er heilt einen jungen Mann, der nach einem Sturz aus einem hohen Fenster schwer verletzt ist (**Apg 20,9-12**). Er bereitet die Gemeinden, die er gegründet hat, darauf vor, nach seinem Tod weiterzumachen, und ermutigt sie, wenn sie belastet sind und sich entschließen, "untröstlich zu weinen" (**Apg 20,37**). Er versucht, die gute Nachricht sogar denen zu verkünden, die ihn töten wollen (**Apg 22,1-21**), und heilt alle Kranken auf der Insel Malta (**Apg 28,8-10**).

Ein erstaunliches Beispiel für seine Fürsorge für andere findet während des Schiffbruchs statt. Obwohl sie seine Warnung, die Reise nicht anzutreten, ignoriert haben, reicht Paulus der Besatzung und den Passagieren während des Sturms eine helfende Hand und ermutigt sie.

Als viele Tage ohne Nahrung vergangen waren, stand Paulus mitten unter ihnen auf und sagte: "Freunde, ihr hättet auf mich hören und nicht von Kreta aus segeln sollen, um dieses Unglück und diesen Verlust zu vermeiden. Nun aber ermahne ich euch, guten Mutes zu sein, denn ihr werdet nicht um euer Leben kommen, sondern nur um das Schiff. Denn in dieser Nacht stand ein Engel des Gottes, dessen Gott ich bin und dem ich diene, vor mir und sagte: "Fürchte dich nicht, Paulus; du sollst vor dem Kaiser erscheinen; und siehe, Gott hat dir alle, die mit dir segeln, gewährt." Darum seid guten Mutes, meine Freunde, denn ich vertraue auf Gott, dass es genau so kommen wird, wie mir gesagt wurde." (**Apostelgeschichte 27,21-25**)

Seine Sorge endet nicht mit Worten der Ermutigung, sondern setzt sich in praktischen Taten fort. Er sorgt dafür, dass alle essen, um bei Kräften zu bleiben (**Apg 27,34-36**), und entwirft einen Plan, der das Leben aller rettet, auch das derjenigen, die nicht schwimmen können (**Apg 27,26, 38, 41, 44**). Außerdem leitet er die Vorbereitungen, um das Schiff auf Grund zu setzen (**Apg 27,43b**) und verhindert, dass die Seeleute die Soldaten und Passagiere im Stich lassen (**Apg 27,30-32**). Dank seiner Sorge und seines Handelns kommen bei dem Schiffbruch keine Menschen ums Leben (**Apostelgeschichte 27,44**).

Paulus' Führungsqualitäten gehen weit über die vier Aspekte Mut, Leiden, Respekt und Sorge um andere hinaus und sind auch in vielen anderen Berichten neben der Apostelgeschichte 20-28 zu finden. Die Art und Weise, wie diese Faktoren in diesen Kapiteln dargestellt werden, ist jedoch eine der bewegendsten Demonstrationen von Leiterschaft in der Bibel und bleibt auch heute noch ein großartiges Beispiel, genau wie zur Zeit des Lukas.

Fazit der Fakten

Die Untersuchung von Arbeit und arbeitsbezogenen Themen in der Apostelgeschichte zeigt eine konsequente Behandlung der Berufung in Gottes Welt. In der Apostelgeschichte wird eine christliche Perspektive auf die Arbeit nicht einfach in den Bereich der Ethik verwiesen. Vielmehr ist die Arbeit eine aktive Form des Zeugnisses von Gottes Erlösung der Welt. Die Logik der Apostelgeschichte geht in diese Richtung:

1. Mit dem Kommen des Geistes wird das Reich Christi - Gottes neue Welt - auf eine neue Art und Weise eingeführt. Das römische System der Patronage, das den Status des Einzelnen anstrebt, wird durch einen Geist der Liebe ersetzt, der das Wohl der anderen sucht. Dies folgt dem Beispiel Jesu, der sich um der anderen willen hingegeben hat - besonders deutlich am Kreuz.

2. Die christliche Berufung zeichnet sich durch ein vom Geist getragenes Zeugnis für das Reich Christi aus, das nicht nur verkündet, sondern auch im Alltag nach dem Geist der Liebe Gottes handelt.

3. Die christliche Berufung ist der ganzen Gemeinschaft der Gläubigen gegeben, nicht nur dem Einzelnen. Die Handlungen der Gläubigen sind nicht perfekt - manchmal sind sie weit davon entfernt -, aber sie sind dennoch eine echte Teilhabe an der neuen Welt.

4. Die Gemeinschaft legt Zeugnis für das Reich Christi ab, indem sie arbeitet und arbeitsbezogene Ressourcen - Macht, Reichtum und Status - zum Wohl anderer und der Gemeinschaft als Ganzes einsetzt. Die Zugehörigkeit zur

Gemeinschaft geht Hand in Hand mit einer veränderten Lebensweise, die zu Liebe und Dienst führt. Ein beispielhaftes Ergebnis ist die Praxis radikaler Großzügigkeit mit allen Arten von Ressourcen.

5. Wenn auf diese Weise gearbeitet wird, können alle Berufe ein Zeugnis für die Strukturen von Gerechtigkeit, Rechtschaffenheit und Schönheit sein, die das Reich Gottes hervorbringt.

6. Die christliche Gemeinschaft stellt also eine Arbeitsweise dar, die die Strukturen der gefallenen Welt herausfordert und manchmal mit den Mächten der Welt in Konflikt gerät. Die Absicht der Gemeinschaft ist jedoch nicht, mit der Welt in Konflikt zu geraten, sondern sie zu verändern.

7. Führung ist ein wichtiger Bereich, in dem der neue Geist der Liebe und des Dienstes an anderen zum Tragen kommt. Autorität wird geteilt, und Menschen auf allen Ebenen der Gemeinschaft werden ermutigt, Führungsaufgaben zu übernehmen. Führungspersönlichkeiten akzeptieren die Last, zum Wohle anderer zu handeln, und respektieren die Weisheit und Autorität derer, die sie führen. Die Eigenschaften von Führungskräften - einschließlich Mut, Leid, Respekt und Sorge um andere - werden am Beispiel des Apostels Paulus deutlich.

Die Apostelgeschichte hilft uns zu erkennen, dass jeder Aspekt des menschlichen Lebens - einschließlich unserer Arbeit und ihrer Früchte - ein Mittel sein kann, um am Reich Gottes teilzuhaben, das durch die Kraft des Geistes auf die Erde kommt und bereits offenbart wird. Auf diese Weise ist die Arbeit nicht nur würdig, sondern auch wesentlich für die menschliche Berufung zum Zeugnis. Wie von Anfang an ist die Arbeit ein wichtiger Aspekt dessen, was es bedeutet, ganz Mensch zu sein. Die Arbeitnehmer von heute sind dazu berufen, die Erde, die Kultur, die Familie, die Wirtschaft, die Bildung, die Gerechtigkeit und alle anderen Bereiche zu bebauen und umzugestalten - alles um des Reiches Gottes willen.

Don't miss out!

Visit the website below and you can sign up to receive emails whenever Biblische Predigten publishes a new book. There's no charge and no obligation.

https://books2read.com/r/B-A-SAWHB-RPADD

BOOKS2READ

Connecting independent readers to independent writers.

Did you love *Analyse der Arbeiterbildung in der Apostelgeschichte*? Then you should read *Analyse der Arbeiterbildung im Brief an die Römer*[1] by Biblische Predigten!

[2]

Entdecken Sie die Geheimnisse der Arbeitserziehung im Brief an die Römer. Erforschen Sie in diesem faszinierenden Werk die Lehren des Apostels Paulus über die Arbeit und entdecken Sie, wie Sie sie auf Ihr heutiges Arbeitsleben anwenden können.

Durch weise Worte und tiefgründige Überlegungen wird dieses Buch Sie anleiten, Sinn und Zweck in Ihrer täglichen Arbeit zu finden. Sie werden lernen, wie wichtig es ist, mit Fleiß und Hingabe zu arbeiten, sich seiner Motivationen bewusst zu sein und immer danach zu streben, Gott in allem, was Sie tun, zu verherrlichen.

---

1. https://books2read.com/u/m2JKd6

2. https://books2read.com/u/m2JKd6

Sie werden auch die Weisheit der Demut kennenlernen und erfahren, wie sich diese positiv auf Arbeitsbeziehungen auswirkt. Sie werden entdecken, wie Sie Ihre Mitarbeiter lieben und respektieren können, um eine Atmosphäre der Zusammenarbeit und des gegenseitigen Wachstums zu schaffen.

Diese fesselnde Lektüre wird Sie lehren, wie Sie ein Gleichgewicht zwischen Ihrem geistlichen Leben und der Arbeitswelt finden können. *Lernen Sie die zeitlosen Lektionen des Römerbriefs und verändern Sie Ihre Sichtweise auf die Arbeit, indem Sie Freude und Zufriedenheit in jeder Aufgabe finden.*

Also by Biblische Predigten

Die Lehre von der Arbeit in der Bibel
Analyse der Arbeiterbildung in der Apostelgeschichte
Analyse der Arbeiterbildung im Brief an die Römer
Analyse der Arbeiterbildung in den Briefen an die Korinther
Analyse der Arbeiterbildung in den Briefen an die Galater, Epheser und Philipper
Analyse der Arbeiterbildung in den Briefen an die Kolosser, Philemon und Thessaloniche
Analyse der Arbeiterbildung in den Pastoralbriefen Titus und Timotheus
Analyse der Arbeiterbildung in den Allgemeinen Briefen und der Apokalypse

About the Author

Diese Bibelstudienreihe eignet sich für Christen aller Stufen, von Kindern über Jugendliche bis hin zu Erwachsenen. Sie *bietet einen ansprechenden und interaktiven Weg, die Bibel zu lernen,* mit Aktivitäten und Diskussionsthemen, die Ihnen helfen werden, tiefer in die Heilige Schrift einzudringen und Ihren Glauben zu stärken. Ob Sie Anfänger oder erfahrener Christ sind, diese Reihe wird Ihnen helfen, Ihr Wissen über die Bibel zu erweitern und Ihre Beziehung zu Gott zu stärken. Geleitet von Brüdern mit vorbildlichen Zeugnissen und umfassender Kenntnis der Heiligen Schrift, *die sich im Namen des Herrn Jesus Christus* auf der ganzen Welt *versammeln.*